W0209339

Cycle 4

Mon cahier de français 4e

Sous la direction de

Bénédicte LE DORÉ
Certifiée de Lettres modernes
Professeure au collège Charles-Le-Goffic, Lannion (22)

Isabelle-Marie FRANCHET
Agrégée de Lettres modernes
Académie de Versailles (78)

Amélie ARCHENAULT
Certifiée de Lettres modernes
Professeure au collège Jean-Moulin, Aubervilliers (93)

Céline CARRIOU
Certifiée de Lettres classiques,
Professeure au collège Charles-Le-Goffic, Lannion (22)

Bénédicte GAILLARD
Grammairienne, lexicographe
Membre du Conseil international de la langue française

Anne-Caroline LISSOIR
Agrégée de Lettres modernes
Professeure au lycée Nikola-Tesla, Dourdan (91)

Emmanuelle TOUDIC
Certifiée de Lettres modernes
Professeure au collège Pierre-de-Dreux, Saint-Aubin-du-Cormier (35)
Formatrice à l'INSPÉ, Rennes (35)

bordas
éditeur

Mon cahier de français

Dans chaque partie de ce cahier…

Fais le point sur tes acquis et évalue ce que tu sais déjà

Révise l'essentiel et structure tes connaissances avec des leçons synthétiques et visuelles.

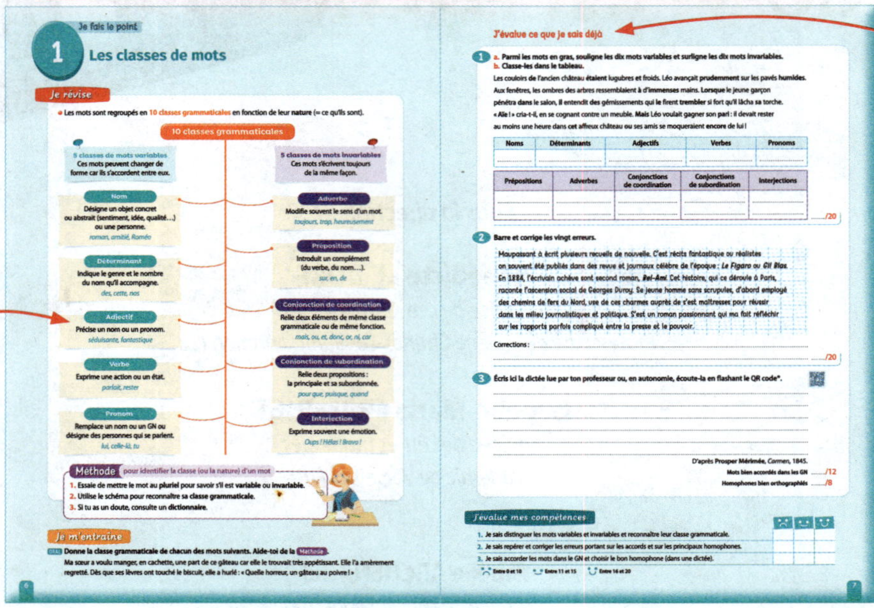

Évalue en début de partie les compétences que tu maîtrises déjà pour construire un parcours en fonction de tes besoins.

Travaille à ton rythme et selon tes besoins

Des leçons visuelles que tu peux compléter pour faciliter la mémorisation

Des méthodes pour bien utiliser les notions

Des exercices différenciés pour t'entraîner en adaptant ton parcours

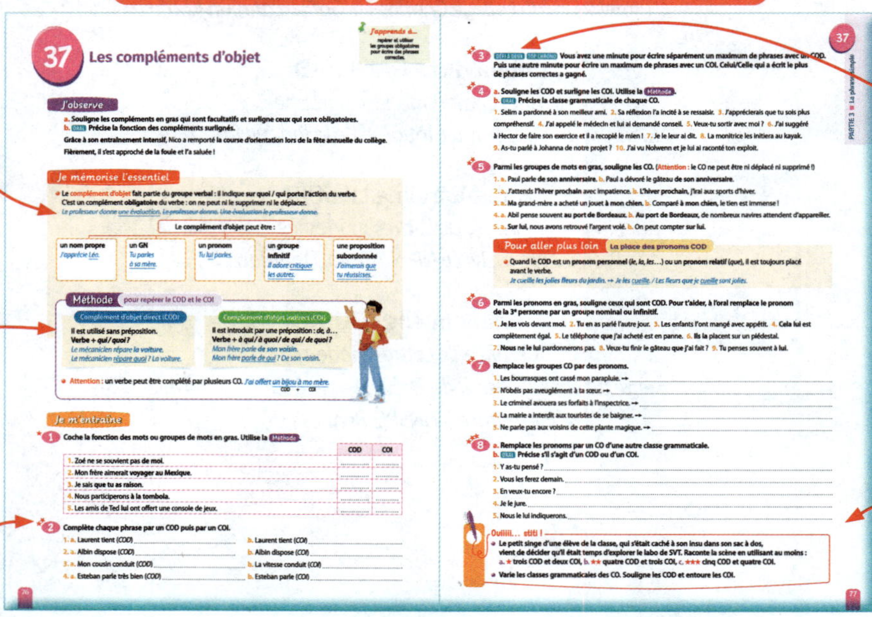

Des exercices oraux pour acquérir des automatismes

Des exercices d'expression écrite ludiques et adaptés pour appliquer la notion

© BORDAS / SEJER, 2021 – ISBN 978-2-04-733772-1

MIXTE
Papier issu de sources responsables
FSC® C022030

Bordas est un éditeur qui s'engage pour la préservation de l'environnement et utilise du papier issu de forêts gérées de manière responsable et d'autres sources contrôlées.

Ce cahier a été imprimé en France en juin 2022 par Maury, imprimeur certifié IMPRIM'VERT®

N° de projet : 10284478
Dépôt légal : avril 2021

4e : mode d'emploi

Récapitule les notions pour mieux les maîtriser

Des exercices différenciés sur les différentes notions apprises pour consolider tes compétences

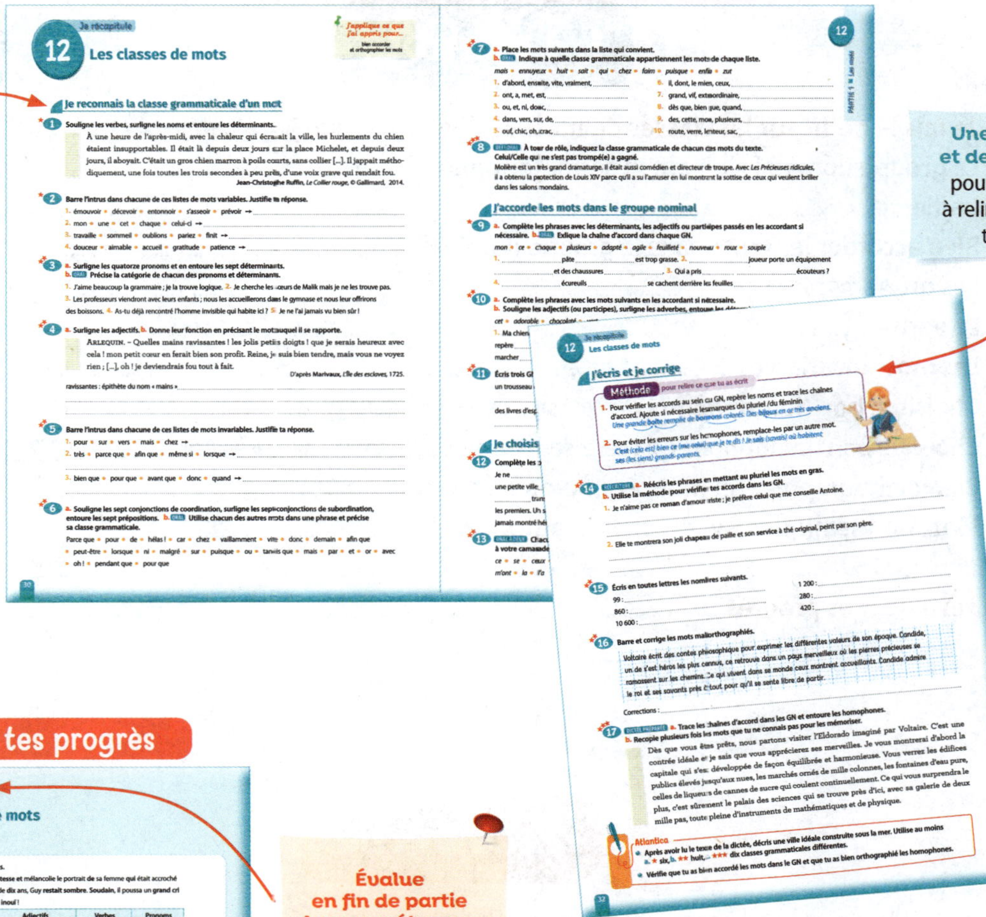

Une méthode et des exercices pour apprendre à relire et corriger tes écrits

Évalue tes progrès

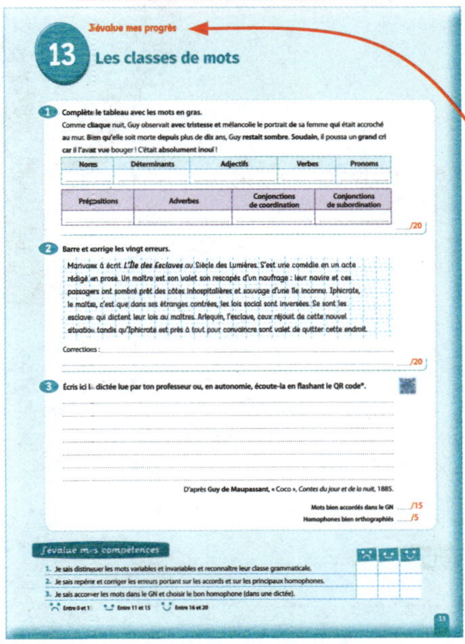

Évalue en fin de partie les compétences acquises au cours du parcours.

Les ressources numériques de ton cahier : les 6 dictées enregistrées au format mp3

POUR CES RESSOURCES, 2 MOYENS D'ACCÈS
– QR code®, sur ton smartphone ou ta tablette
– site compagnon : bien-ecrire-college.editions-bordas.fr

Pour accéder aux ressources par QR code®, c'est simple :

1. Télécharge gratuitement l'application QR code® sur ton smartphone ou ta tablette.
2. Scanne le QR code®.
3. Accède directement à la ressource.

QR Code est une marque déposée par la société Denso Wave Incorporated.

Sommaire

1. Les mots

2. Le verbe

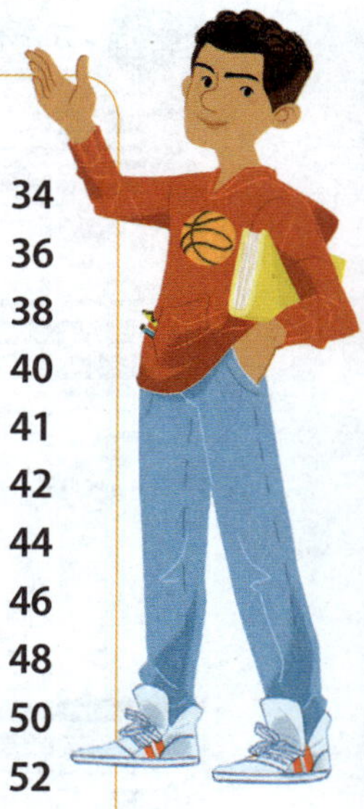

3. La phrase simple

4. La phrase complexe

5. Le texte

Je fais le point

1 Les classes de mots

Je révise

- Les mots sont regroupés en **10 classes grammaticales** en fonction de leur **nature** (= ce qu'ils sont).

10 classes grammaticales

5 classes de mots variables
Ces mots peuvent changer de forme car ils s'accordent entre eux.

Nom
Désigne un objet concret ou abstrait (sentiment, idée, qualité…) ou une personne.
roman, amitié, Roméo

Déterminant
Indique le genre et le nombre du nom qu'il accompagne.
des, cette, nos

Adjectif
Précise un nom ou un pronom.
séduisante, fantastique

Verbe
Exprime une action ou un état.
parlait, rester

Pronom
Remplace un nom ou un GN ou désigne des personnes qui se parlent.
lui, celle-là, tu

5 classes de mots invariables
Ces mots s'écrivent toujours de la même façon.

Adverbe
Modifie souvent le sens d'un mot.
toujours, trop, heureusement

Préposition
Introduit un complément (du verbe, du nom…).
sur, en, de

Conjonction de coordination
Relie deux éléments de même classe grammaticale ou de même fonction.
mais, ou, et, donc, or, ni, car

Conjonction de subordination
Relie deux propositions : la principale et sa subordonnée.
pour que, puisque, quand

Interjection
Exprime souvent une émotion.
Oups ! Hélas ! Bravo !

Méthode pour identifier la classe (ou la nature) d'un mot

1. Essaie de mettre le mot au **pluriel** pour savoir s'il est **variable** ou **invariable**.
2. Utilise le schéma pour reconnaître sa **classe grammaticale**.
3. Si tu as un doute, consulte un **dictionnaire**.

Je m'entraîne

ORAL **Donne la classe grammaticale de chacun des mots suivants. Aide-toi de la Méthode.**

Ma sœur a voulu manger, en cachette, une part de ce gâteau car elle le trouvait très appétissant. Elle l'a amèrement regretté. Dès que ses lèvres ont touché le biscuit, elle a hurlé : « Quelle horreur, un gâteau au poivre ! »

J'évalue ce que je sais déjà

1 **a.** **Parmi les mots en gras, souligne les dix mots variables et surligne les dix mots invariables.**
b. **Classe-les dans le tableau.**

Les couloirs **de** l'ancien château **étaient** lugubres **et** froids. Léo avançait **prudemment** sur les pavés **humides**. Aux fenêtres, les ombres des arbres ressemblaient **à** d'**immenses** mains. **Lorsque** le jeune garçon pénétra **dans** le salon, **il** entendit **des** gémissements qui **le** firent **trembler** si fort qu'il lâcha **sa** torche. « **Aïe !** » cria-t-il, en se cognant contre un meuble. **Mais** Léo voulait gagner son **pari** : il devait rester au moins une heure dans **cet** affreux château **ou** ses amis se moqueraient **encore** de lui !

Noms	Déterminants	Adjectifs	Verbes	Pronoms
....	....	....	....	....

Prépositions	Adverbes	Conjonctions de coordination	Conjonctions de subordination	Interjections
....	....	....	....	....

......./20

2 **Barre et corrige les vingt erreurs.**

Maupassant à écrit plusieurs recueils de nouvelle. C'est récits fantastique ou réalistes on souvent été publiés dans des revue et journaux célèbre de l'époque : ***Le Figaro*** ou ***Gil Blas***. En 1884, l'écrivain achève sont second roman, ***Bel-Ami***. Cet histoire, qui ce déroule à Paris, raconte l'ascension social de Georges Duroy. Se jeune homme sans scrupules, d'abord employé des chemins de fers du Nord, use de ces charmes auprès de s'est maîtresses pour réussir dans les milieu journalistiques et politique. S'est un roman passionnant qui ma fait réfléchir sur les rapports parfois compliqué entre la presse et le pouvoir.

Corrections : ....

..../20

3 **Écris ici la dictée lue par ton professeur ou, en autonomie, écoute-la en flashant le QR code®.**

....

....

....

....

....

....

D'après **Prosper Mérimée**, *Carmen*, 1845.

Mots bien accordés dans les GN ..../12

Homophones bien orthographiés ..../8

J'évalue mes compétences

	Entre 0 et 10	Entre 11 et 15	Entre 16 et 20
1. Je sais distinguer les mots variables et invariables et reconnaître leur classe grammaticale.			
2. Je sais repérer et corriger les erreurs portant sur les accords et sur les principaux homophones.			
3. Je sais accorder les mots dans le GN et choisir le bon homophone (dans une dictée).			

Entre 0 et 10 — Entre 11 et 15 — Entre 16 et 20

J'apprends à...
identifier le nom et ses déterminants pour repérer les chaînes d'accord.

2 Le groupe nominal : le nom et ses déterminants

J'observe

a. **Souligne les groupes nominaux complets.** **b.** **Barre et corrige les erreurs, puis explique-les.**

Lis attentivement les récits et les beau poèmes de Victor Hugo, tu devras les illustrers sur le cahier que tu viens d'acheter.

beaux, car poèmes est au pluriel. illustrés est un adjectif, tu devras

Je mémorise l'essentiel

- Le **groupe nominal** est composé au minimum d'un **nom** et d'un **déterminant** qui **s'accorde** en genre (masculin / féminin) et en nombre (singulier / pluriel). On dit qu'ils forment une **chaîne d'accord.**
  une bougie, des coussins, les animaux*, cette* orpheline
- Le **nom noyau** du **groupe nominal minimal** peut être enrichi par des **expansions du nom.**
  *une **bougie** parfumée, une **bougie** en cire, une **bougie** qui se consume*
  *des **coussins*** douillets*, des **coussins*** moelleux*, des **coussins*** agréables
- Les **principales catégories** de déterminants :

Articles définis	*le, la, l', les (au, aux, du, des)*	***la** femme **du** président*
Articles indéfinis	*un, une, des (de, d')*	***des** chaussures*
Articles partitifs (= un peu de)	*du, de la, de l', des*	***du** poulet*
Déterminants démonstratifs	*ce, cet, cette, ces*	***cet** appartement*
Déterminants possessifs	*mon, ma, mes, ton, ta, tes, son, sa, ses, notre, nos, votre, vos, leur, leurs*	***leurs** sandwichs*

Je m'entraîne

1 ★ **Souligne chaque déterminant et surligne le nom qu'il accompagne.**

1. Brice fait régulièrement la cuisine avec sa grand-mère, ainsi il apprend de nouvelles recettes délicieuses. **2.** Laurent fait des efforts pour progresser et ses résultats s'améliorent. **3.** Cette grande psychologue américaine a écrit des ouvrages remarquables sur les questions amoureuses. **4.** Leïla et Max sont tellement fascinés par les séries américaines qu'ils peuvent passer des nuits entières à regarder leurs épisodes préférés. **5.** Selon les scientifiques, à cause du réchauffement climatique, ces îles tropicales pourraient être englouties sous les eaux.

2 ★★ **Souligne les GN dont le nom noyau est en gras.**

Attention : un GN minimal peut être enrichi de plusieurs expansions que l'on peut supprimer.

1. Mon **oncle** arrose régulièrement son magnifique **rosier** de Damas. **2.** Cette charmante jeune **fille**, qui marche rapidement, me plaît beaucoup. **3.** Inès a déposé son **livre** favori dans ta **boîte** aux lettres. **4.** La **rue** escarpée que l'on emprunte régulièrement possède un seul **sens** de circulation. **5.** Nathalie porte un très beau **collier** en or qu'elle a acheté hier. **6.** Sylvie rêve d'habiter une immense **maison** de campagne mais son **mari** préfère vivre dans une **ville** balnéaire.

3 **Souligne les GN complets et surligne les noms noyaux.**

1. Le maire a fait un discours très émouvant. **2.** Clément planifie son voyage en Espagne depuis longtemps. **3.** La sœur de Benjamin a regardé un documentaire passionnant. **4.** Peux-tu me rendre la veste que tu m'as empruntée ? **5.** Ces élèves ont oublié leur manuel dans les casiers qu'on leur a attribués. **6.** Les personnes auxquelles je pense m'ont accueilli comme un prince. **7.** Les roses que M. Tonio cultive sont d'une couleur étonnante ; leur parfum sucré se fait sentir jusque dans la cour du collège. **8.** Les petits exercices de grammaire qu'on nous propose te semblent faciles parce que tes connaissances sont déjà solides. **9.** Les chaussettes que tu as enfilées ce matin sont dépareillées et tu as gardé le haut de ton pyjama sous ton sweat !

4 DÉFI ORAL À DEUX **Tu pars en week-end au ski. Que mets-tu dans ta valise ?**
À tour de rôle, chacun(e) propose un GN, en utilisant au moins une fois chaque catégorie de déterminants. Celui/Celle qui a trouvé le plus de GN en deux minutes a gagné.

5 **Dans les couples de phrases, souligne chaque déterminant et surligne le nom qu'il accompagne.**
Attention : ne confonds pas les déterminants (devant un nom) et les pronoms (devant un verbe).

1. J'ai bien reçu le courriel de Sonia. Dois-je te le transférer ?

2. Niels et Jade ne respectent pas les règles de vie en communauté. Julia a donc décidé de les punir.

3. Henri est allé chercher l'appareil à raclette. J'ai hâte de l'utiliser !

4. Michel et Sarah ont vendu leur voiture. Nous leur avons prêté nos vélos.

5. Je viendrai avec Maxime mais vous ne le connaissez peut-être pas. C'est le cousin de Shan.

6. À table ! Le soufflé est prêt. Il faut vite le manger.

7. Mes amis n'ont pris ni leur casque ni leurs genouillères. Je leur avais pourtant demandé de les apporter !

6 **a. Complète le texte avec les déterminants qui conviennent. Attention aux accords.**
b. ORAL **Précise la catégorie de chaque déterminant.**

L'...... appartement dans lequel habite Anna se trouve dans la...... petite rue pavée. De son...... balcon, Anna contemple Paris à loisir : Notre-Dame, les...... Invalides, la...... tour Montparnasse. Elle aperçoit aussi un...... immeuble haussmannien où vivent sa...... sœur et son...... neveux. Grâce à cette...... magnifique vue, elle échappe à elle...... étroitesse de .... quatre murs.

7 **a. Souligne tous les articles. b. Entoure les déterminants démonstratifs et surligne les déterminants possessifs. c.** ORAL **Précise le nom que chaque déterminant accompagne.**

J'étais dans une chambre située au dernier étage du château. C'était une grande pièce carrée, avec de grands fauteuils. Dans cette chambre, au bout d'un instant, on monta mes bagages. Les domestiques m'offrirent leurs services. Mais, tout en réparant le désordre que cet événement avait mis dans ma toilette, je conservai mon grand costume que je considérais plus en harmonie avec celui de mes hôtes.

D'après **Alexandre Dumas**, *La Dame pâle*, 1849.

8 **a.** ORAL **Pour chaque GN, précise la catégorie du déterminant.**
b. Emploie chaque GN dans une phrase différente et enrichis-le en ajoutant une expansion du nom.

un tissu • *le tissu* • *ce tissu* • *leur tissu* • *du tissu*

....

....

....

....

....

Pour aller plus loin — D'autres catégories de déterminants

- Les **déterminants exclamatifs** : *quel, quels, quelle, quelles*
  Quelle surprise ! ....
- Les **déterminants interrogatifs** : *quel, quels, quelle, quelles*
  Quels poèmes lis-tu ? ....
- Les **déterminants numéraux** : *quatre, dix, cent…*
  quatre manuels, mille et une nuits, ...
- Les **déterminants indéfinis** : *aucun, nul, chaque, quelques, plusieurs, tout…*
  quelques tomates, chaque jour, ...

Attention : un nom peut parfois être accompagné de **plusieurs déterminants**.
Tous les jours, les quatre saisons

9 ★★

a. Souligne tous les déterminants. b. Entoure les déterminants numéraux.
c. Surligne les déterminants indéfinis.

1. Yoann a passé son permis à quatre reprises. Malheureusement, il a échoué à chaque fois. Quelle malchance ! 2. Certains soirs, Edwige peut lire jusqu'à dix chapitres d'un roman pour s'endormir. 3. Quel magnifique paysage ! Aucun endroit au monde n'est plus beau que ce jardin édifié sur une colline ! 4. Quelle heure est-il ? 5. Quels exercices n'as-tu pas compris ? 6. Mon grand-père a quatre-vingt-dix-neuf ans ; dans quelques mois, il sera centenaire ! 7. Claire pratique plusieurs sports : elle fait du karaté deux fois par semaine, du football tous les week-ends et de l'escalade le mercredi après-midi.

10 ★★★

a. Souligne chaque déterminant et surligne le nom qu'il accompagne.
b. ORAL Précise la catégorie de chaque déterminant.

M. Caravan avait toujours mené l'existence normale des bureaucrates. Depuis trente ans, il venait à son bureau, chaque matin, par la même route, rencontrant les mêmes hommes allant à leurs affaires. Tous les jours, après avoir acheté son journal, il allait chercher deux petits pains, et il regagnait son bureau, dans l'attente d'une réprimande pour quelque négligence qu'il aurait pu commettre, mais aucun événement ne le touchait.

D'après **Guy de Maupassant**, *En famille*, 1881.

11 ★★★

Complète ce texte avec les déterminants qui conviennent en respectant les indications entre parenthèses. Attention aux accords !

Pour faire (*déterminant démonstratif*) .... biscuits : mélange (*article défini*) .... farine et (*article défini*) .... beurre. Ajoute (*déterminant numéral*) .... œufs et (*article partitif*) .... lait. Pétris (*article défini*) .... pâte, puis divise-la en (*déterminant numéral*) .... sphères. Sur (*déterminant indéfini*) .... sphère, forme (*article indéfini*) .... creux avec (*déterminant possessif*) .... pouce. Fais cuire (*déterminant numéral*) .... minutes. Enfin, décore (*déterminant démonstratif*) .... gâteaux avec (*déterminant indéfini*) .... amandes. (*déterminant exclamatif*) .... délice !

Un breuvage magique

- **Invente la recette du philtre d'amour qui permet de rendre amoureuse la personne qui le boira. Rédige :**

a. ★ huit phrases comprenant au moins huit GN ;
b. ★★ dix phrases comprenant au moins dix GN ;
c. ★★★ douze phrases comprenant au moins douze GN.

- **Utilise au moins cinq catégories de déterminants différentes pour construire tes GN et souligne les GN.**

3 L'adjectif

J'apprends à...
identifier l'adjectif et ses fonctions pour repérer les chaînes d'accord.

J'observe

a. **Souligne chaque adjectif et surligne le mot qu'il complète.**
b. **Entoure le participe passé employé comme adjectif.**

Manon est heureuse : elle a trouvé un disque très rare de son chanteur préféré.

Je mémorise l'essentiel

- Un **adjectif** complète le plus souvent un **nom** ou un **pronom** avec lequel il **s'accorde**.
  *des **tenues** très originales / **Elles** sont prudentes.*
- Un verbe employé au **participe passé** peut être utilisé comme **adjectif**.
  un homme blessé (= différent) = participe passé employé comme adjectif / Il a blessé ~~(= différent)~~ son ami.

Les fonctions de l'adjectif

Épithète	Attribut du sujet	Apposé (ou mis en apposition)
L'adjectif est placé **avant** ou **après** le nom. Il fait partie du **GN**. C'est une **expansion du nom**. *une chaleur **étouffante***	L'adjectif est **séparé du groupe sujet** par un verbe. Il fait partie du **groupe verbal**. *Ils sont **serviables**.*	L'adjectif est **séparé du nom** qu'il complète **par une virgule**. ***Confuse**, Annie se mit à rougir.*

Méthodes

1 Pour trouver un adjectif à partir d'un nom ou d'un pronom.
On pose la question : *Comment est le nom (ou le pronom) ?*
*Un livre **passionnant** → Comment est le livre ? **Passionnant**.*

2 Pour vérifier qu'un mot est un adjectif.
On peut dire : *quelque chose de* + adjectif • *quelqu'un de* + adjectif
*Il est **grincheux**. → Quelqu'un de **grincheux**.*

Je m'entraîne

★ **1** **Souligne les adjectifs. Utilise la Méthode 1.**

un grand journaliste italien • de brèves histoires effrayantes • une œuvre d'art expressive et surprenante • un jeune couple très fusionnel • une sinistre et ténébreuse créature • des scientifiques rationnels, méthodiques et méticuleux • un incroyable robot, puissant et invulnérable • un appareil vétuste et poussiéreux • une nouvelle collégienne mystérieuse et insaisissable

★ **2** **Parmi les mots en gras, souligne chaque adjectif et relie-le au nom qu'il complète. Utilise la Méthode 2.**

Thérèse **contemplait** avec une **sorte** d'**admiration** le front **bas** de Laurent, sa **rude** chevelure **noire**, ses joues **pleines**, ses lèvres **rouges**, sa face **régulière**, d'une beauté **sanguine**. Elle arrêta un instant ses **regards** sur son **cou** ; ce cou était **large** et **court**, **gras** et **puissant**. Puis elle **s'oublia** à considérer les **grosses** mains qu'il tenait sur ses **genoux** ; les doigts en **étaient** **carrés** ; le poing **fermé** devait être **énorme** et aurait pu **assommer** un **bœuf**.

D'après **Émile Zola**, *Thérèse Raquin*, 1867.

3 **Souligne les participes passés utilisés comme adjectifs.**

1. Luc s'est coupé le doigt en taillant les rosiers. 2. J'adore l'odeur d'herbe coupée. 3. Des papiers froissés jonchaient le sol du bureau. 4. Marie a froissé sa jupe en lin. 5. Ses cheveux soigneusement peignés encadraient son visage. 6. Lucie a peigné ses cheveux avec son stylo !

4 **a. Souligne les huit participes passés employés comme adjectifs.**
b. Relie chacun d'eux au nom ou pronom qu'il complète.

Carine et Moussa ont visité une superbe demeure restaurée. La propriétaire leur a montré le petit salon décoré avec des plantes suspendues. Dans les chambres, ils se sont extasiés sur les superbes rideaux brodés ainsi que sur la vue dégagée. Enthousiasmés, ils ont voulu louer une chambre pour la nuit. La propriétaire, étonnée et flattée, a tout de suite accepté.

5 **a. Dans les couples de phrases, souligne les adjectifs (ou participes passés) épithètes et entoure les adjectifs (ou participes passés) apposés. b. Surligne, pour chacun d'eux, le nom qu'il complète.**

1. Les chemises bien pliées avaient été rangées. Les pantalons, pliés avec soin, trônaient sur la commode.
2. Harassée, Naomi profita d'une accalmie pour s'allonger. Les jeunes filles harassées ne tenaient plus debout.
3. D'un geste excédé, Romane fit signe aux spectateurs de se taire. Les jeunes gens, excédés, lui adressèrent des reproches.
4. Les flots déchaînés faisaient chavirer les navires. Déchaînée, la mer engloutit les embarcations de sauvetage.
5. Thierry, imperturbable, continua sa route. Cet homme était d'une assurance imperturbable.

6 **a. Souligne chaque adjectif (ou participe passé) et relie-le au nom qu'il complète.**
b. ORAL Précise si l'adjectif est épithète, attribut du sujet ou apposé.

1. À Vérone, une ville italienne, deux familles ennemies se querellent depuis des siècles. 2. Cette haine ancienne n'empêche pas le fougueux Roméo et la prudente Juliette de s'aimer. 3. Afin de rejoindre Roméo, Juliette devient intrépide et boit un philtre pour feindre sa mort. 4. Désespéré, Roméo ingère un poison mortel après avoir découvert le corps inanimé de son amante. 5. Le dénouement funeste et tragique de cette pièce de Shakespeare continue d'émouvoir de nombreux jeunes spectateurs.

7 **ORAL À DEUX Tu pars en vacances au soleil. Quels accessoires achètes-tu ? Fais une liste de six GN avec au moins un adjectif et deux participes passés utilisés comme adjectifs que ton/ta camarade devra relever par écrit.**

8 **Réécris cette description en ajoutant au moins quatre adjectifs et deux participes passés employés comme adjectifs. Attention aux accords.**

La cour était entourée de buissons et d'arbres. En juin, les élèves avaient l'habitude de s'asseoir sur les bancs, à l'ombre du tilleul. Abandonnant le préau en bois qui les abritait l'hiver, ils profitaient de la douceur des températures.

....

....

....

9 **a. Souligne les adjectifs et surligne les noms qu'ils complètent.**
b. Réécris les phrases en respectant les indications.

1. Une araignée hideuse filait sa toile au-dessus de ma tête.
Attribut du sujet : ....
2. La femme de chambre angoissée préféra sortir de la pièce.
Apposé : ....
3. Soudain, un insecte microscopique se rapprocha de la toile tout juste achevée.
Attribut du sujet : ....
4. Ma sœur intrépide accourut pour sauver l'animal en détresse.
Apposé : ....

Pour aller plus loin — Les degrés de l'adjectif

- On peut **modifier le sens d'un adjectif** en ajoutant un **adverbe**. *Tu es très / assez / plutôt* ***sérieux****.*
Quand l'adverbe exprime une **intensité forte** (*très, fort, extrêmement…*), l'adjectif est au **superlatif absolu**.
Tu es extrêmement ***sérieux****.*
- On peut **établir une comparaison** en utilisant :
– un **comparatif de supériorité, d'égalité** ou **d'infériorité**. *Tu es plus / aussi / moins* ***sérieux*** *que moi.*
– un **superlatif relatif de supériorité** ou **d'infériorité**. *Je suis le plus / le moins* ***sérieux*** *de tous.*

10 ★★ **Souligne les adjectifs en gras qui sont au comparatif, surligne ceux qui sont au superlatif relatif, entoure ceux qui sont au superlatif absolu.**

1. Baudelaire est le plus **grand** de tous les poètes ! 2. Vous êtes extrêmement **attentifs**. 3. Mon professeur de yoga est aussi **souple** que ton cousin. 4. Notre groupe est le moins **bavard** de tous. 5. Le plat que j'ai commandé est très **pimenté**. 6. Ce deuxième poème lyrique est moins **sentimental** que le précédent.

11 ★★★ **Modifie le sens des adjectifs ou des participes passés en suivant les indications.**

1. Cet ordinateur est performant. → (*superlatif relatif de supériorité*) Cet ordinateur est ....
2. Ton cahier est bien tenu. → (*comparatif d'égalité*) Ton cahier est ....
3. Cette actrice est prétentieuse. → (*superlatif relatif d'infériorité*) Cette actrice est ....
4. Votre dessert est sucré. → (*comparatif de supériorité*) Votre dessert est ....
5. Ta chambre est lumineuse. → (*comparatif d'infériorité*) Ta chambre est ....

12 ★★★ **a. Souligne les adjectifs. b. Réécris les phrases en ajoutant des adverbes variés afin de construire des superlatifs absolus.**

1. Clément a passé un moment agréable en compagnie d'une personne intelligente.

....

2. Erika a rencontré un artiste orgueilleux et vaniteux.

....

3. Mon grand-père est charitable et généreux.

....

13 ★★★ DÉFI ORAL **Tu dois vendre un téléphone portable très innovant. Décris-le en utilisant de nombreux adjectifs (dont au moins deux au comparatif, deux au superlatif relatif et deux au superlatif absolu) que tes camarades devront relever par écrit. Celui/Celle qui les a tous trouvés a gagné.**

14 ★★★ **a. Souligne chaque adjectif ou participe passé et relie-le au nom qu'il complète. b. Entoure un adjectif au comparatif et un autre au superlatif. c.** ORAL **Précise la fonction de chaque adjectif souligné.**

La chevelure, relevée sur le front, paraissait avoir été dorée autrefois. La tête, aussi petite que celle des statues grecques, était légèrement inclinée en avant. Quant à la figure, elle était d'un caractère très étrange. Ce n'était point cette beauté calme et sévère des sculpteurs grecs. Tous les traits étaient légèrement contractés : les yeux un peu obliques, la bouche relevée, les narines quelque peu gonflées.

D'après **Prosper Mérimée**, *La Vénus d'Ille*, 1837.

Beauté virtuelle

- **Crée un personnage de jeu vidéo très séduisant. Décris-le en utilisant a. ★ huit, b. ★★ dix, c. ★★★ douze adjectifs ou participes passés employés comme adjectifs.**
- **Emploie au moins** ★ un superlatif absolu, ★★ deux superlatifs absolus et un comparatif ★★★ un comparatif, un superlatif relatif et un superlatif absolu.
- **Souligne, à chaque fois, les adjectifs employés et vérifie les accords.**

4 Bien accorder les mots dans le groupe nominal

J'apprends à...
bien accorder le nom, le déterminant et l'adjectif.

J'observe

a. **Souligne les GN.** **b.** **Barre et corrige les trois erreurs.** **c.** ORAL **Justifie tes corrections.**

Agnès recherche une petite banquette matelassé ainsi que des suspensions en verres très lumineuse.

....

Je mémorise l'essentiel

- Dans un groupe nominal, le **déterminant**, l'**adjectif** et le **participe passé utilisé comme adjectif** s'accordent en genre et en nombre avec le **nom noyau** : ils forment une **chaîne d'accord**.
  *les petits **plats** bien équilibrés*

- **Attention :**
  – **aux accords avec plusieurs noms** : pour éviter les répétitions, certains GN ont un adjectif en commun. Le masculin l'emporte sur le féminin. *un **citron** et une **orange** pressés*
  – **à l'accord du nom sans déterminant** : il faut réfléchir au sens du GN. *un sac de billes, une valise en carton*

Méthode pour accorder les mots dans le GN

*Je suis fasciné par **les grand? appartement? privé?** de Louis XIV.*

1. Repère le **nom noyau** et son **genre**. *appartement* est masculin.
2. Repère le **déterminant** et son **nombre**. *les* → le nom est au pluriel : *appartements*.
3. Cherche les **adjectifs** ou **participes passés** qui complètent le nom noyau.
   des appartements comment ? *grands* (masculin, pluriel), *privés* (masculin, pluriel)

Je m'entraîne

1 ★ **Entoure le déterminant qui convient.**

1. (Cet / Cette) équipe n'a perdu aucun match depuis le début de la saison. **2.** Observe attentivement (ces / ses) tableaux de Gauguin, (leur / leurs) couleurs sont très vives. **3.** (Ces / Ses) passants se sont retournés lorsque (son / sa) amie a crié : « (Quel / Quelle) horreur ! » **4.** Je ne suis pas certaine de vouloir manger (ce / cet) homard, (ses / ces) pinces bougent encore. **5.** (Ses / Ces) personnes ne pensaient pas que (leur / leurs) voisins porteraient plainte contre eux. **6.** (Quels / Quelles) fleurs préfères-tu ?

2 ★★ **Accorde les adjectifs entre parenthèses. Utilise la** Méthode.

1. Léo fait des efforts (*désespéré*) .... pour obtenir des friandises. **2.** Thierry et Clément sont des employés (*perfectionniste*) ...., ils accordent une attention (*scrupuleux*) .... aux détails. **3.** (*Élégant*) .... et (*courtois*) ...., ma tante avait toujours une allure (*soigné*) .... **4.** Nous avons dégusté de (*délicieux*) .... plats très (*raffiné*) ...., dans (*différent*) .... restaurants. **5.** Cette artiste (*connu*) .... est plus (*créatif*) .... que ta chanteuse (*préféré*) ....

3 ★★ DÉFI À DEUX **Tu vas participer à une brocante.**
Fais la liste des objets que tu souhaites vendre en utilisant des groupes nominaux contenant deux adjectifs. Dicte-les à ton/ta voisin(e), qui devra les orthographier correctement. Celui/Celle qui a fait le moins d'erreurs a gagné.

4 **a. Souligne les groupes nominaux. b. Barre et corrige les sept mots mal accordés. Utilise la Méthode. c. ORAL Justifie tes corrections.**

1. Cosette a été abandonnée par sa mère qui l'a confiée à un couple d'aubergiste : les Thénardier. 2. Ils ont réduit cet petite fille à une servitude infâme. 3. Malgré son extrême maigreur, on l'a obligée à accomplir les corvées les plus rude. 4. C'était une enfant mal nourri et souvent battu. Elle marchait les pieds nus dans sa paire de sabot.

Corrections : ....

Pour aller plus loin — L'accord des déterminants indéfinis et numéraux

- Les **déterminants numéraux** sont **invariables**, à l'exception de ***vingt*** et ***cent***, qui s'accordent quand ils sont multipliés, sans être suivis par un autre nombre.
  *vingt-deux / quatre-**vingts*** *deux **cents** / deux cent cinq*
- Pour accorder un nom avec un **déterminant indéfini**, il faut réfléchir au sens du GN :
  – *chaque, aucun, nul…* sont **singuliers**. ***chaque** jour, **aucun** élève absent*
  – *plusieurs, peu de, beaucoup de…* sont **pluriels**. ***plusieurs** semaines, **peu de** personnes concernées*

5 **TOP CHRONO Écris en toutes lettres les nombres suivants en moins de deux minutes.**

34 : .... 4 100 : ....
95 : .... 82 : ....
580 : .... 300 : ....

6 **a. Souligne les groupes nominaux. b. Barre et corrige les erreurs d'accord. Utilise la Méthode.**

La plupart des auteur du XIXe siècle ont entretenu des rapports étroit avec le milieu du journalisme : rédiger quelque articles pour la presse représentait un moyen non négligeable de gagner sa vie. Cet activité, rébarbative pour certains auteurs, était un moyen pour d'autres écrivain moins connue d'accéder à la célébrité. En effet, grâce aux journaux, leur textes touchaient un public plus larges.

Corrections : ....

7 **DICTÉE PRÉPARÉE a. Souligne les groupes nominaux.**
b. Recopie plusieurs fois les mots que tu ne connais pas pour les mémoriser.

Tout à coup, suivant les règles de la danse, Adrienne se trouva seule avec moi au milieu du cercle, formé par vingt jeunes filles. Les longs anneaux roulés de ses cheveux d'or effleuraient mes joues. Dès ce moment, un trouble inconnu s'empara de moi. On s'assit autour d'elle, et aussitôt, d'une voix fraîche et pénétrante, légèrement voilée, comme celle de certaines filles des pays brumeux, elle chanta plusieurs romances pleines de mélancolie et d'amour.

D'après **Gérard de Nerval**, « Sylvie », *Les Filles du feu*, 1854.

Une nuit fantastique

- **Tu es seul(e) dans un parc d'attractions la nuit et d'étranges phénomènes se produisent. Décris ce que tu vois, sens, entends… Utilise au moins, a. ★ huit, b. ★★ dix, c. ★★★ douze GN.**
- **Souligne les groupes nominaux et vérifie les accords en utilisant la Méthode.**

5 Les pronoms

J'apprends à...
repérer et utiliser les pronoms pour écrire des textes cohérents.

J'observe

a. Souligne les pronoms qui remplacent le GN en gras.
b. Entoure les pronoms qui désignent le narrateur.

Sur les terrasses du Luxembourg, **des enfants** jouaient, je m'approchais d'eux, ils me frôlaient sans me voir, je les regardais avec des yeux de pauvre.

J.-P. Sartre, *Les Mots*, © Éditions Gallimard, 1964.

Je mémorise l'essentiel

- Le pronom sert à :
  - **remplacer un nom, un groupe nominal** ou **une partie de la phrase** pour **éviter les répétitions.**
    *Chang hésite : ~~Chang~~ **il** ne sait pas si c'est son cahier ou ~~mon cahier~~ **le mien**.*
  - **désigner les personnes** qui se parlent. ***Vous nous** écoutez attentivement.* ....
- Il existe **plusieurs catégories** de pronoms.

Pronoms personnels *(je, tu, il, elle, nous, vous, ils, elles, me, le, moi, y, en…)*	Ils peuvent changer de forme selon la fonction : **sujet**, **COD**, **COI**.	*Julie a appris une fable. **Elle** s'**en** souvient et **la** récite.*
Pronoms possessifs *(le mien, les tiens, la sienne, le nôtre…)*	Ils remplacent souvent un GN composé d'un **déterminant possessif** et d'un **nom**.	*C'est ton stylo, pas **le mien** (= mon stylo).*
Pronoms démonstratifs *(celui-ci, celle-là, ceux, ce, ceci, cela…)*	Ils remplacent généralement un **nom** accompagné d'un **déterminant démonstratif**.	*Ne prends pas ce chemin-là, mais **celui-ci** (= ce chemin-ci).*

Je m'entraîne

1 ★ **Souligne les pronoms personnels, surligne les pronoms possessifs et encadre les pronoms démonstratifs.**

1. Si vous respectez votre engagement, nous respecterons le nôtre. 2. Tu as acheté des fleurs et tu les as mises dans cet horrible vase ; mets-les plutôt dans celui-là. 3. Cela ne te ressemble pas de te tromper ainsi ! 4. Ce n'est pas ton sac, c'est le mien. Rends-le-moi, s'il te plaît ! 5. Sandra ne va pas à la piscine, elle en revient : elle y retournera samedi.

2 ★★ **Parmi les mots en gras, surligne uniquement les pronoms personnels.**
Attention à ne pas confondre les pronoms personnels (devant un verbe) et les déterminants (devant un nom).

1. Nous avons lu **la** pièce, puis nous **l'**avons étudiée. Nous souhaitons **la** jouer. 2. Arthur et Jeanne ont retrouvé **leurs** cousins sur **le** quai de **la** gare. Ils **leur** racontent **leur** voyage. 3. Quand je **le** verrai, je **le** remercierai pour **les** gâteaux : je **les** ai tous dévorés ! 4. Les oursons restent avec **leur** mère les premiers mois de **leur** vie. Elle **leur** apprend à chasser. 5. Je termine **la** lettre à ma correspondante, je **la** plie, **la** mets dans **l'**enveloppe et **l'**envoie. 6. **Je te** conseille ce film. **Je l'**ai vu au moins dix fois !

3 ★★ **Réécris la phrase du** J'observe **en remplaçant *des enfants* par *une fille* et *je* par *tu*.**

....

....

....

4 ★★

a. Réécris les phrases en remplaçant les éléments en gras par des pronoms personnels.
b. Précise la fonction de ces pronoms.

1. **Aïcha** réussit **tous ses exercices** sans erreur.

....

2. **Les personnes qui ont tiré le bon numéro** sont invitées à retirer **leur lot**.

....

3. Croyez-vous **que j'ai tort** ?

....

4. **Mon grand-père et ma grand-mère** parlent à **leur chien**.

....

5. **Ton père et toi** pensez souvent **à vos dernières vacances**.

....

Pour aller plus loin — D'autres catégories de pronoms

Pronoms relatifs *(qui, que, quoi, dont, où, lequel, auquel…)*	Ils remplacent un nom / GN appelé **antécédent** et introduisent une **proposition subordonnée relative.**	*Je te rends le livre [**que** tu m'as prêté].* *Le banc [sur **lequel** je suis assis est mouillé].*
Pronoms indéfinis *(tout, rien, personne, quelqu'un, quelque chose, certains…)*	Ils servent à désigner, de manière imprécise, des personnes ou des choses.	***Quelqu'un** est venu ici.* *Je n'ai **rien** vu.*

5 ★★★

a. Complète chaque phrase avec le pronom relatif qui convient.
b. Souligne l'antécédent de chaque pronom relatif.

1. Le vétérinaire a soigné l'oiseau .... était blessé. 2. Margot a écrit un poème .... elle est très fière. 3. Rends-moi le stylo .... tu m'as emprunté. 4. La foudre tomba tout près de l'endroit .... ils s'étaient abrités. 5. Cet été, j'ai lu plusieurs romans policiers .... m'ont beaucoup plu. 6. L'appartement .... vous voulez vendre est très bien situé. 7. Nous passons nos vacances dans le village .... mon père a grandi. 8. As-tu lu l'article .... je t'ai parlé hier ? 9. La tasse dans .... il boit son thé est ébréchée. 10. L'ouvrage .... tu fais référence n'est plus disponible au CDI.

6 ★★★

a. Surligne les pronoms indéfinis et entoure les pronoms relatifs.
b. Souligne l'antécédent des pronoms relatifs.

1. Isa a ramassé les pommes qui étaient mûres. Elle a laissé les autres sur le pommier. 2. Le témoin que la police a interrogé a vu quelqu'un entrer dans la maison. 3. Tous ont répondu, mais aucun ne viendra à la soirée à laquelle ils étaient invités. 4. Les personnes qui affirment qu'elles n'ont besoin de personne sont bien prétentieuses ! 5. Certains pensent que les services dont ils ont besoin leur sont dus. 6. J'ai interrogé mes amis qui vivent dans ce quartier et la plupart sont très heureux ici.

Drôle de famille !

- **Invente-toi une famille dont les membres (cousins, cousines, grands-parents, oncles, tantes…) sont excentriques, originaux et surprenants. Présente-les en a. ★ huit, b. ★★ dix, c. ★★★ douze phrases.**
- **Utilise des pronoms appartenant aux différentes catégories. Souligne-les.**

6 Le verbe

J'apprends à...
repérer les verbes et leurs différentes formes.

J'observe

Souligne les verbes et explique comment tu les reconnais.

1. Je travaille à la mairie. 2. Ton travail manque de régularité. 3. Fatou a beaucoup progressé. 4. N'oublie pas tes affaires !

....

Je mémorise l'essentiel

- Le **verbe** exprime une **action** (*tourner, réfléchir*) ou un **état** (*être, sembler, devenir*).
- Il est formé d'un **radical** et d'une **terminaison** (*il expliquait*) qui varient en fonction de la **personne**, du **nombre**, du **temps** et du **mode**. (Fiche 14)
- **Les trois groupes de verbes :**

1er groupe	**infinitif en *-er*** (sauf *aller*)	*parler*
2e groupe	**infinitif en *-ir*** et 1re personne du pluriel du présent en *-issons*	*rougir → rougissons*
3e groupe	autres verbes + *aller*	*perdre, voir, mourir*

Méthodes pour reconnaître un verbe conjugué

1 Encadre le verbe d'une négation. *Il court vite. → Il **ne** court **pas** vite.*

2 Change le temps en ajoutant *demain* ou *hier*.
*Je lis un livre. → **Hier**, je lisais un livre.*

Attention : certaines formes verbales sont **composées** (= deux mots) ou n'ont **pas de personne ou de sujet.** *Je suis accidentellement tombé dans ce piège. Aide-moi !*

Je m'entraîne

1 ★ **a. Parmi les mots en gras, souligne les verbes. b. ORAL Précise la Méthode que tu as utilisée.**

1. Inès **demande** un **conseil** à son professeur principal, elle **souhaiterait** s'inscrire au **cours** de **soutien.** 2. **Appelle** le secrétariat afin de **prévenir** la responsable des **ressources** humaines que tu **risques** d'**arriver** en retard à ton **rendez-vous.** 3. Édouard et Claire **recherchent** un **document** très **important** qui leur **permettra** d'**obtenir** un visa pour **voyager** dans **différents** pays du **continent** américain. 4. **Désires**-tu **relever** ce **défi** ?

2 ★★ **a. Souligne tous les verbes. b. ORAL Précise s'il s'agit de verbes d'état ou de verbes d'action.**
c. Relève les trois formes verbales composées.

Le docteur Marrande était le plus illustre et le plus éminent des aliénistes. Il avait prié plusieurs de ses confrères et quatre savants, s'occupant de sciences naturelles, de venir passer une heure chez lui, dans la maison de santé qu'il dirigeait, pour leur montrer un de ses malades. Aussitôt que ses amis furent réunis, il leur dit : « Je veux vous soumettre le cas le plus bizarre et le plus inquiétant que j'aie jamais rencontré. D'ailleurs, je n'ai rien à vous dire de mon client. Il parlera lui-même. Écoutez-le ! » Un domestique fit entrer un homme qui était fort maigre et paraissait très faible.

D'après **Guy de Maupassant**, *Le Horla*, 1886.

....

3 TOP CHRONO **En moins de deux minutes, note l'infinitif et le groupe des formes verbales suivantes.**
ASTUCE **pour trouver l'infinitif d'un verbe, fais-le précéder à l'oral de « Je dois ».**

- Tu verras : ....
- Elle avait choisi : ....
- Tu vas : ....
- Nous fîmes : ....
- Ils frémirent : ....
- J'eus pris : ....
- J'aurais aidé : ....
- Vous avez couru : ....
- Ils ralentissent : ....

Pour aller plus loin — Verbes pronominaux et impersonnels

Certains verbes peuvent **se construire de façon particulière.**

- On dit qu'un verbe est un **verbe pronominal** quand il se conjugue avec **un pronom personnel réfléchi** (*me, te, se, nous, vous, se*) de la même personne que le sujet. *Il **s'appelle** Tom. Je **me baigne**, nous **nous baignons**.*
- On dit qu'un verbe est un **verbe impersonnel** quand il s'emploie **uniquement avec un pronom sujet *il*** qui ne désigne aucune personne, ni aucune chose. *Il **pleut**.*
  De nombreux verbes qui s'emploient normalement à toutes les personnes peuvent **se construire comme un verbe impersonnel**. *Il **reste** des fraises.*

4 **Dans les couples de phrases, souligne les verbes pronominaux, surligne les verbes qui ont une construction impersonnelle.**

1. Idriss et moi avons rangé la classe. Nous nous rangeons dans la cour.
2. Il manque quelques assiettes sur la table. Tu manques beaucoup à tes amis.
3. Cette voiture vaut cher. Il vaut mieux que tu la gares dans un parking.
4. Yann ne dit rien, il semble agacé. Il semble que Julie manque de diplomatie.
5. Ilies demande de l'aide à sa voisine. Je me demande si je ne suis pas trop patient.
6. Tu te permets de prendre la parole sans autorisation ! Je ne te permets pas de sortir.

5 RÉÉCRITURE **Réécris le texte en changeant la personne. Effectue les modifications nécessaires.**
Tous les mercredis, je m'absente du lycée pour faire du roller. Après m'être équipé de protections, je m'échauffe. Puis lorsque je m'élance le long des quais, un sentiment de liberté m'envahit.

Tous les mercredis, il ....
....
....

6 **Rédige quatre phrases en utilisant une construction pronominale.**
Exemple : tromper → tu te trompes de bus.

- *tenir* : Je ....
- *connaître* : Nous ....
- *sacrifier* : Il ....
- *amuser* : Tu ....

7 **Transforme les phrases en utilisant une construction impersonnelle sans modifier le sens de la phrase.**
Exemple : Aujourd'hui, on peut aller sur Mars. → Aujourd'hui, il est possible d'aller sur Mars.

1. Soyez vigilant. Il ....
2. Quatre élèves sont absents. Il ....
3. Un évènement étrange s'est produit. Il ....
4. La neige est tombée sur la capitale. Il ....

Routine matinale

- **Tu as créé une vidéo pour raconter tes habitudes du matin.**
  Rédige les commentaires de la voix off en a. ★ huit, b. ★★ dix, c. ★★★ douze phrases.
- **Utilise au moins deux verbes ou constructions impersonnels et quatre verbes pronominaux. Souligne-les.**

7 Les mots invariables

J'apprends à...
reconnaître et utiliser les mots invariables.

J'observe

a. Surligne les cinq mots invariables. Précise leur classe grammaticale.
b. ORAL Explique comment tu les reconnais.

Quand j'ai vu cette grosse et affreuse araignée, j'ai poussé un cri de frayeur. Ouf ! elle a vite filé.

....

....

Je mémorise l'essentiel

5 classes de mots invariables

Adverbe	Modifie souvent le sens d'un verbe, d'un adjectif ou d'une phrase. *beaucoup, loin, ne… pas, facilement* **ASTUCE** Il peut être supprimé.
Préposition	Introduit un complément. *à, dans, par, pour, en, vers, avec, de, sans, sous, sur…* **ASTUCE** Retiens à l'oral : ***Adam part pour Anvers avec deux cents sous, sûr !***
Conjonction de coordination	Relie deux éléments de même nature ou de même fonction. *mais, ou, et, donc, or, ni, car* **ASTUCE** Retiens à l'oral : ***Mais où est donc Ornicar ?***
Conjonction de subordination	Relie deux propositions : la principale et sa subordonnée. *quand, comme, si, que, lorsque…* **ASTUCE** Mémorise la liste des principales **conjonctions de subordination** : *que, quand, lorsque, parce que, puisque, dès que, afin que, pour que, étant donné que…*
Interjection	Exprime souvent une émotion. *Ah ! Miam-miam !* **ASTUCE** Elle est souvent suivie d'un point d'exclamation.

• **Il ne faut pas confondre** l'adverbe (qui complète le verbe, l'adjectif ou la phrase) et l'adjectif (qui précise un nom).
*C'est une petite (adj) **maison** (nom) mais on y **vit** (verbe) bien (adv).*

Je m'entraîne

★ **1** **a. Surligne l'intrus de chaque liste. b. ORAL Explique ta réponse.**

1. donc • or • très • car • ni
2. mais • dans • sous • avec • pour • sur
3. jamais • peu • moins • facilement • lorsque
4. hélas • zut • ou • oh
5. quand • bien que • car • puisque

★ **2** **ORAL À DEUX Choisis un mot invariable dans la liste suivante. Ton/ta voisin(e) devra donner sa classe et l'employer dans une phrase. Inversez les rôles. Aidez-vous de la leçon.**

lorsque • ouf ! • beaucoup • donc • sans • comme • gaiement • de

3 **Complète chaque phrase avec un adverbe de la liste selon l'indication donnée.**

certainement • *facilement* • *précipitamment* • *peut-être* • *souvent* • *horriblement*

1. Erwan joue (*habitude*) .... du piano.
2. Tu obtiendras (*certitude*) .... ton diplôme.
3. Cette ville est très agréable, mais tout y est (*intensité*) .... cher.
4. Armin est en retard ; il a (*doute*) .... des problèmes de voiture.
5. Cet exercice se fait très (*manière*) .... !
6. Quand le tonnerre retentit, les promeneurs se mettent (*manière*) .... à l'abri.

4 **a. Souligne les onze prépositions. b. Parmi les mots en gras, surligne les adverbes.**

M. Frédéric Moreau, **nouvellement** reçu bachelier, s'en retournait à Nogent-sur-Seine, où il devait patienter pendant deux **longs** mois, avant ses études de droit. Sa mère, avec la somme **indispensable**, l'avait envoyé voir un oncle, dont elle espérait, pour lui, l'héritage ; il en était revenu la veille **seulement** ; et il se consolait de **ne pas** pouvoir séjourner dans la capitale, en regagnant sa province par une route **très** longue.

D'après **Gustave Flaubert**, *L'Éducation sentimentale*, 1869.

5 **Parmi les mots en gras, souligne les conjonctions de coordination et surligne les conjonctions de subordination.**

Je regardais ma maison, **et** j'attendais. Je croyais déjà **que** le feu s'était éteint tout seul, **ou qu'**il l'avait éteint, Lui, **quand** une des fenêtres creva **sous** la poussée **de** l'incendie, et une flamme rouge **et** jaune monta le long du mur blanc ; il me sembla **que** le jour se levait ! Deux **autres** fenêtres éclatèrent, et je vis **que** tout le bas de ma demeure n'était plus qu'un effrayant brasier. **Mais** un cri, un cri horrible, suraigu, déchirant, un cri de femme passa **dans** la nuit.

D'après **Guy de Maupassant**, *Le Horla*, 1887.

6 **Complète les phrases avec une préposition ou une conjonction de subordination qui convienne.**

1. Je passerai .... toi .... tu seras prêt.
2. .... tu ne trouves pas l'adresse, demande ton chemin .... un passant.
3. .... il faisait très chaud, Lucas a décidé .... se baigner .... la rivière.
4. Les parents .... Louna ont déménagé .... ils voulaient habiter .... la campagne.
5. Penses-tu .... je puisse venir .... mes cousins ?

7 **Classe les mots en gras dans le tableau.**

Moi, te craindre, Raymond ! **Oh** ! non, pas **à** présent. Je sais **trop que** tu m'aimes, j'y crois **avec** trop **d'**ivresse. Viens **donc**, je ne me crains pas non plus ; **si** je t'aimais **moins**, je serais **peut-être** moins calme ; **mais** je t'aime comme tu ne le sais pas toi-même... Partez d'**ici de** bonne heure, **pour** ôter toute défiance **à** Ralph. Revenez **à** minuit ; vous connaissez le parc **et** la maison ; voici la clef **de** la petite porte, refermez-la **sur** vous.

D'après **George Sand**, *Indiana*, 1832.

Prépositions	Conjonctions de coordination	Conjonctions de subordination	Adverbes	Interjections
....	....	....	....	....
....	....	....	....	....

8 **Surligne les adverbes et souligne le mot qu'ils complètent.**

1. Vous devinez toujours la fin de l'histoire. 2. Mathis est tellement content de ce succès mérité.
3. La crème caramélisée de sa grand-mère est absolument délicieuse. 4. Il pleut beaucoup depuis plusieurs jours.
5. Ces chatons tout petits sont vraiment adorables. 6. Nous ne partons jamais loin en vacances.

Pour aller plus loin — **Les adverbes interrogatifs**

- On utilise les **adverbes interrogatifs** (*comment, où, pourquoi, quand…*) pour :
  – poser directement une question dans une **phrase interrogative** ;
  ***Pourquoi** marches-tu si vite ?*
  – introduire une **subordonnée interrogative indirecte**, c'est-à-dire une proposition dans laquelle on rapporte une question posée.
  *Je me demande [**pourquoi** tu marches si vite].*

9 **a. Écris la question portant sur le mot ou le groupe nominal en gras.**
b. Souligne l'adverbe interrogatif.

1. Nous partirons **demain à midi.** ....
2. Je n'ai rien dit **parce que je n'étais pas au courant.** ....
3. Ses parents vont **bien** réagir. ....
4. Cette veste coûte **deux cents euros.** ....
5. Robinson a rencontré Vendredi **sur l'île.** ....

10 **a. Complète le texte avec les mots invariables proposés.**
b. Précise leur classe grammaticale.

à • dans • de • mais • ne… pas • pourtant • que • tandis que

Il avait baissé la voix, il lui parlait .... (..........) le cou, ... (..........) elle s'ouvrait un chemin, son panier en avant, au milieu des hommes. .... (..........) elle dit encore non, ... (..........) la tête, ... (..........) plusieurs reprises. .... (..........), elle se retournait, lui souriait, semblait heureuse de savoir .... (..........) il .... buvait .... (..........).

D'après **Émile Zola**, *L'Assommoir*, 1877.

11 DICTÉE PRÉPARÉE **a. Surligne et mémorise les mots invariables.**
b. Recopie plusieurs fois les mots que tu ne connais pas pour les mémoriser.

Il marchait ainsi qu'au temps où il portait l'uniforme des hussards, la poitrine bombée, les jambes un peu entrouvertes comme s'il venait de descendre de cheval ; et il avançait brutalement dans la rue pleine de monde, heurtant les épaules, poussant les gens pour ne point se déranger de sa route. Il inclinait légèrement sur l'oreille son chapeau à haute forme assez défraîchi.

Guy de Maupassant, *Bel-Ami*, 1885.

Un discours de star

- **Tu viens d'apprendre ta nomination au Molière de l'humour.**
  Rédige le discours que tu prononceras si tu es le/la lauréat(e) de cette récompense.
- **Écris…**
  a. ★ huit phrases, en employant au moins huit mots invariables ;
  b. ★★ dix phrases, en employant au moins dix mots invariables ;
  c. ★★★ douze phrases, en employant au moins douze mots invariables.
- **Varie les classes de mots invariables.**

8 Choisir le bon homophone (1) : ce / se / ceux

J'apprends à...
bien orthographier les homophones

J'observe

a. **Barre et corrige les erreurs.** **b.** ORAL **Justifie tes corrections.**

Se bus va à la gare. Se qui veulent aller à l'aéroport doivent ce diriger vers le quai n° 2.

....

Je mémorise l'essentiel

- **Se**, **ce** et **ceux** **se prononcent de la même manière** mais **s'écrivent différemment.**

Méthode pour choisir le bon homophone : *ce / se / ceux*

se, ce ou ceux ?		
	Tu peux le remplacer par *me* ; il est toujours devant un verbe.	Écris ***se***.
	Tu peux le remplacer par *celles*.	Écris ***ceux***.
	Tu ne peux le remplacer ni par *me* ni par *celles*.	Écris ***ce***.

*Ceux (celles) qui connaissent Léa savent qu'elle aime **se** (me) promener dans **ce** (~~me~~/ ~~celles~~) parc.*

- **Attention :** ***ce*** devant un nom ou un GN est un **déterminant** (*ce livre*), devant *être* ou *qui / que*, c'est un **pronom.** ***Ce** n'est pas ma faute ! **Ce** que tu dis est inadmissible.*

Je m'entraîne

1 ★ DÉFI À DEUX **Invente quatre phrases avec les homophones de la leçon et dicte-les à ton/ta voisin(e). Vérifiez leur orthographe. Échangez les rôles, celui qui a fait le moins d'erreurs a gagné.**

2 ★★ **Barre dans le texte et corrige les huit homophones de la leçon mal orthographiés.**

Ceux qui s'est passé ce jour-là restera à jamais gravé dans la mémoire de Tom. Il ce regardait dans ceux vieux miroir légué par sa grand-mère, lorsque tout à coup, son reflet se dédoubla et ceux mit à lui parler de se vieil oncle mystérieux qu'il avait rencontré autrefois. Ceux qu'il vécut par la suite, seuls se qui croient aux fantômes pourront ce le figurer !

Corrections : ....

3 ★★★ DICTÉE PRÉPARÉE **a. Souligne dans le texte les homophones de la leçon.** **b.** ORAL **Explique leur orthographe.** **c. Recopie plusieurs fois les mots que tu ne connais pas pour les mémoriser.**

Georges Duroy demeura un instant immobile, se demandant ce qu'il allait faire. Il réfléchit que les repas du matin étant de vingt-deux sous, au lieu de trente que coûtaient ceux du soir, il lui resterait, en se contentant de ce déjeuner, un franc vingt centimes, ce qui représentait encore deux collations de pain et de saucisson, plus deux bocks sur le boulevard. C'était-là son grand plaisir des nuits ; et il se mit à descendre la rue.

D'après **Guy de Maupassant**, *Bel-Ami*, 1885.

Faites vos jeux

- **Rédige un texte publicitaire pour présenter un jeu de société.**
  Emploie a. ★ **deux, b.** ★★ **trois, c.** ★★★ **cinq fois chaque homophone de la leçon.**
- **Vérifie que tu as bien orthographié les homophones.**

9 Choisir le bon homophone (2) : ces / ses ; c'est / s'est / sais / sait ; près / prêt(s)

J'apprends à…
bien orthographier les homophones.

J'observe

a. **Barre et corrige les erreurs.** **b.** ORAL **Justifie tes corrections.**

S'est par précaution que Zoé et Nina ont conseillé à Erwan de ne pas manger ses champignons-là.
Elles les ont cueillis prêt d'une usine qui est peut-être polluée.

……………………………………………………………………………………………………

Je mémorise l'essentiel

- Ces / ses ; c'est / s'est / sais / sait **se prononcent de la même manière** mais **s'écrivent différemment.**

Méthode 1 pour choisir le bon homophone : *ces / ses ; c'est / s'est / sais / sait*

ces ou *ses* ?	On montre.	C'est un **déterminant démonstratif.**	Écris *ces*.
	Il marque la possession.	C'est un **déterminant possessif.**	Écris *ses*.

*Il fait **ses** (= les siens) devoirs. **Ces** schémas (= que je montre) vont t'aider à comprendre la leçon.*

c'est ou *s'est* ou *sais* / *sait*	Tu peux le remplacer par *cela est*.	Écris *c'est*.
	Tu peux le remplacer par *savais / savait*.	Écris *sais / sait*.
	Tu ne peux le remplacer ni par *cela est*, ni par *savais / savait*.	Écris *s'est*.

*Je ne **sais** (savais) pas si **c'est** (cela est) normal, mais il ne **s'est** (~~cela est / savait~~) pas levé avant midi !*

Je m'entraîne

1 **Complète avec *ces* ou *ses*. Utilise la Méthode 1.**

1. Observe attentivement …………… œuvres d'art, puis analyse-les en t'appuyant sur …………… documents-là. **2.** Paul a montré …………… premiers tableaux à …………… amis. **3.** …………… tableaux impressionnistes, que le professeur a décrits, ont été réalisés par …………… peintres préférés. **4.** Ne prends pas …………… fresques antiques en photo, le flash va les abîmer ! Celle-ci a déjà perdu …………… couleurs.

2 **Complète avec *c'est / s'est* ou *sais / sait*. Utilise la Méthode 1.**

1. …………… incroyable : le principal …………… rendu à l'Élysée avec les élèves du club informatique !
2. ……………-tu que …………… Gaël qui …………… installé à côté de moi ?
3. Quentin …………… que George Sand …………… engagée pour défendre les droits des femmes.
4. On ne …………… pas exactement ce qui …………… passé mais …………… sans doute un évènement sans importance.

3 **Surligne le bon homophone.**

(C'est / S'est / Ses) avec beaucoup d'entrain que Alice rejoint (ces/ ses /sais) cousines à l'écurie. Elle (sait / c'est / ces) qu'elle est attendue avec impatience. (Sais / Ces / Ces) derniers jours, (sait / s'est / c'est) elle qui (c'est / sait / s'est) chargée de soigner Pégase. Lorsqu'elle est arrivée, Maria lui a dit : « Tu (sais / c'est / ses) que tu es très douée ? Ton cheval (s'est / ces / c'est) vite rétabli. »

4 DÉFI À DEUX **Invente six phrases en utilisant au moins une fois *ces / ses, c'est / s'est* et *sait / sais* et dicte-les à ton/ta voisin(ne). Vérifiez leur orthographe. Échangez les rôles. Celui/Celle qui a fait le moins d'erreurs a gagné.**

Pour aller plus loin — Ne pas confondre *près / prêt(s)*

● Près / prêt(s) **se prononcent de la même manière** mais **s'écrivent différemment**.

Méthode 2 — Pour choisir le bon homophone : *près* ou *prêt(s)*

près ou *prêt(s)* → Tu peux le remplacer par *loin*. C'est une **préposition**. → Écris ***près***.

près ou *prêt(s)* → Tu ne peux pas le remplacer par *loin*. C'est un **adjectif**. → Écris ***prêt(s)***.

Attention : Quand *près* n'est pas suivi de la préposition *de*, c'est un **adverbe**.

5 **Complète avec *près* ou *prêt(s)*. Utilise la Méthode 2.**

1. Tom est .... à partir en voyage .... de Royan. 2. Les bagages sont .... de la porte, tiens-toi .... à les récupérer lorsque le train sera à quai. 3. Avec mon entraîneur .... de moi, je me suis sentie .... à gagner le tournoi. 4. Êtes-vous tous .... à faire des sacrifices pour voir de .... votre actrice préférée ?

6 **Souligne l'homophone qui convient.**

(C'est / Ses / Sais)-tu que Sekou a visité Marseille pendant l'été ? (C'est / S'est) une ville qu'il rêvait de découvrir pour (sait / ces / ses) nombreux monuments et musées. Il (c'est / s'est / sait) tout de suite senti chez lui, (près / prêt) du port, dans l'atmosphère chaleureuse de (ses / ces / c'est) petits bistrots, que je lui avais recommandés. Aujourd'hui, il (sait / s'est / ces) qu'il est (près / prêt) à s'y installer à la rentrée.

7 **a. Barre et corrige les huit homophones mal orthographiés. b.** ORAL **Explique tes corrections.**

Riad : Regarde ses étoiles qui brillent dans le ciel. S'est-tu où se trouve la grande ourse ?
Lise : Bien sûr, s'est facile ! Ma sœur s'est intéressée à l'astronomie dès l'âge de dix ans. Elle c'est comment retrouver les constellations et m'a transmis toutes ces connaissances.
Riad : Mais c'est une excellente nouvelle : je suis près à écouter tes explications !
Lise : Ces d'accord ! Viens prêt de moi, je vais te révéler les secrets que le ciel nous cache.

Corrections : ....

8 DICTÉE PRÉPARÉE **a. Souligne les homophones de la leçon b.** ORAL **Explique leur orthographe.**

Gabriel est un bon ouvrier, sérieux, raisonnable et efficace. Il est toujours prêt à venir en aide à ses collègues et il adopte, en toutes circonstances, un comportement très respectueux vis-à-vis de ses supérieurs hiérarchiques. C'est pour ces différentes raisons qu'il ne s'est pas senti menacé lorsqu'il s'est fait convoquer dans ces bâtiments en briques rouges, qui se trouvent près de l'entrée de la manufacture. Mais qui sait réellement ce que l'avenir lui réserve ?

Une excursion cocasse !

● **Raconte une randonnée avec un guide très mal organisé et un groupe dissipé. Rédige…**

a. ★ huit phrases, en employant tous les homophones de la leçon ;
b. ★★ dix phrases, en employant tous les homophones de la leçon ;
c. ★★★ douze phrases, en employant au moins deux fois chaque homophone de la leçon.

● **Échange ta copie avec celle de ton/ta voisin(e) pour vérifier l'orthographe des homophones.**

10 Bien orthographier un mot : étymologie et formation

J'apprends à...
utiliser l'étymologie des mots et leur formation pour bien les orthographier.

J'observe

a. Barre et corrige les trois erreurs. b. Explique comment tu as trouvé la bonne orthographe.

1. L'arbitre cronomètre la course. 2. Les ordinateurs seront-ils un jour anacroniques ?
3. Notre manuel d'histoire comporte plusieurs frises cronologiques.

....

....

Je mémorise l'essentiel

- L'**étymologie** d'un mot est son **origine**. La plupart des mots français sont issus de mots **latins** (*mater* → *mère*), mais certains sont empruntés à d'autres langues : l'anglais (*podcast*), l'italien (*piano*), l'espagnol (*cédille*), l'arabe (*chiffre*)…
- Les mots qui ont la **même étymologie** appartiennent à la **même famille**.
Les mots de la même famille sont formés :
– par **dérivation**, en ajoutant un **préfixe** et/ou un **suffixe** au radical, qui peut varier.
*croire, croy**ance**, **in**croy**able**, créd**ule**, créd**ible***
– par **composition**, en associant **plusieurs mots** ou plusieurs **racines d'origine grecque ou latine**.
grand-père, dessus-de-lit — *multi* (*plusieurs* en latin) + *lingue* (*langue* en latin) = *multilingue* (*qui parle plusieurs langues*)

Méthode pour bien orthographier un mot à partir de sa famille de mots

Trouve un mot de la même famille :
1. pour écrire son **radical**. *terre* → *déterrer*
2. pour trouver la **lettre finale muette**. *marchandise* → *marchand*

Je m'entraîne

★ 1 Indique de quelle langue vient chaque mot. Tu peux utiliser un dictionnaire.

- accordéon (......................)
- athée (......................)
- baobab (......................)
- bouffon (......................)
- brownie (......................)
- chambre (......................)
- cigarillo (......................)
- docteur (......................)
- tsunami (......................)
- litchi (......................)
- méchoui (......................)
- phénomène (......................)
- rugby (......................)
- sangria (......................)
- scénario (......................)
- slalom (......................)

★ 2 Trouve deux mots français issus des mots latins suivants.

- *equus* (cheval) : ....
- *navis* (bateau) : ....
- *schola* (leçon) : ....
- *minus* (moins) : ....

★ 3 DÉFI ORAL À DEUX Pour chacun des mots suivants, donnez tour à tour un mot de la même famille. Celui/Celle qui ne trouve plus de mot a perdu.

barque • *habiter* • *main* • *pied*

★ 4 Trois familles de mots sont mélangées. Souligne ceux de la première famille de mots, surligne ceux de la deuxième et encadre ceux de la troisième.

terrible • élire • enterrer • lire • terrasser • terreur • souterrain • parterre • lecteur • terrifiant • liseuse • terroir • illisible • terroriser • terroriste

5 Associe les racines d'origine grecque pour former six mots français. Tu peux utiliser un dictionnaire.

biblio (livre) • *cosmo* (univers) • *cyber* (internet) • *ludo* (jeu) • *micro* (petit) • *naute* (navigateur) • *scope* (regarder) • *télé* (loin) • *thèque* (collection)

....

6 Complète chaque colonne du tableau par un mot de la même famille.

Nom	Adjectif	Verbe	Adverbe
lourdeur	....	....	....
calmant	....	....	....
....	....	distraire	....

7 Surligne l'intrus dans chaque liste.

1. impression • compresse • ressentir • oppression
2. bondir • abondant • rebondissement • bond
3. florilège • fleuriste • refleurir • souffleur
4. boussole • soleil • parasol • solaire

8 Associe chaque élément de la liste 1 à un autre de la liste 2 pour former cinq mots composés.

1. ethno • noct • nu • porte • tête
2. à tête • ambule • fenêtre • logue • pied

....

9 **a.** Souligne les préfixes et surligne les suffixes dans les mots suivants.

méconnaissance • désillusion • mécontentement • démontage • décapsuleur

b. Que signifient ici les préfixes *dé-* et *mé-* ? ....

10 Pour chacun des mots, écris un mot de la même famille qui explique la lettre finale muette.

1. le hasard : ....
2. un porc : ....
3. un poing : ....
4. un croc : ....
5. un port : ....
6. un champ : ....
7. le bourg : ....
8. un point : ....
9. un chant : ....

11 Barre chaque mot mal orthographié, corrige-le et donne un mot de la même famille.

1. Les héros vivent dangeureusement. 2. La nui, tous les chats sont gris. 3. Notre chodière est toute récente et écologique. 4. Cet exercice est facile et il n'est pas lont.

Corrections : ....

12 DICTÉE PRÉPARÉE **a.** Pour chaque mot souligné, trouve un mot de la même famille, qui te permettra de retenir sa lettre finale muette. **b.** Recopie plusieurs fois les mots que tu ne connais pas pour les mémoriser.

Pour faire un succulent dessert, prenez une tablette de chocolat et cassez-la en gros morceaux. Mettez-les à fondre avec du beurre issu du meilleur lait. Lorsque le mélange est chaud, gardez-le à part. Montez les blancs d'œuf en neige avec un fouet. Quand le mélange est froid, incorporez les blancs d'un geste délicat. Enfin, servez dans de petits pots.

....

....

La planète en danger

• Tu es à l'Assemblée nationale pour alerter les députés au sujet des dangers que court la planète. Choisis **a.** ★ deux, **b.** ★★ trois, **c.** ★★★ quatre mots de la liste suivante et rédige ton message en utilisant au moins deux mots de leur famille. Tu peux utiliser un dictionnaire.

terre • *flore* • *nature* • *polluer* • *défendre* • *propre* • *vivre*

J'apprends à...
trouver le sens d'un mot.

11 Mots polysémiques, synonymes et antonymes

J'observe

a. **Souligne les deux paires de synonymes.** **b.** **Que signifie le mot *périphérie* ? Pour répondre, relève son antonyme (mot de sens contraire).** **c.** ORAL **Explique le sens du mot *centre* dans chaque phrase.**

Le nouvel hôpital et le centre social se trouvent en périphérie tandis que la clinique se situe au centre de la ville.

....

....

Je mémorise l'essentiel

- Certains mots peuvent avoir **plusieurs sens** : ce sont des mots **polysémiques**.
  *Nous recopions la phrase écrite au **tableau**. Guernica est un **tableau** de Picasso.*
- Les mots polysémiques ont souvent un **sens propre** (le sens premier, concret du mot) et un **sens figuré** (le sens abstrait, imagé).
  *Les poissons **nagent** dans l'eau* (= sens propre).
  *Les jeunes mariés **nagent** dans le bonheur* (= sens figuré).
- Les **synonymes** sont des mots de **sens identique** ou de sens proche, appartenant à la même classe grammaticale.
  chuchoter, murmurer, susurrer, ...
- Les **antonymes** sont des mots de **sens opposé** appartenant à la même classe grammaticale.
  haut, bas, ...

Méthodes

1 Pour trouver le sens d'un mot polysémique
Relis la phrase et **cherche des indices** pour comprendre dans quel **sens** le mot est employé. Aide-toi au besoin d'un **dictionnaire**.

2 Pour comprendre un mot inconnu
Cherche dans la phrase s'il y a un **synonyme** ou un **antonyme**. Cela t'aidera à comprendre le mot. Aide-toi au besoin d'un **dictionnaire**.
Certains mots ont un sens mélioratif, d'autres ont un sens négatif. → *mélioratif = positif.*

Je m'entraîne

★ **1** **Surligne le sens qui correspond à chaque mot polysémique en gras. Souligne dans les phrases les indices qui t'ont permis de répondre.**

1. Le serveur nous a apporté l'**addition**. (opération mathématique / prix à payer)
2. Je prends des **notes** du cours sur mon cahier. (signe musical / annotation)
3. Diana range son argent dans sa **banane**. (sacoche / fruit)
4. 5 est un nombre **entier** (sans décimale / complet)
5. Méfiez-vous des nappes de brouillard. (linge sur une table / vaste étendue)

★★ **2** **Trouve le mot polysémique qui correspond aux trois définitions données.**

1. **a.** Fait d'accomplir quelque chose. **b.** Intervention chirurgicale. **c.** Calcul. ....
2. **a.** Excroissance sur la tête d'un coq. **b.** Ligne de faîte d'une montagne. **c.** Arête supérieure d'une vague. ....
3. **a.** Commandement. **b.** Rangement. **c.** Division en biologie. ....
4. **a.** Corps d'un arbre. **b.** Partie du corps humain. **c.** Boîte à offrandes. ....
5. **a.** Partie tranchante d'un couteau. **b.** Bande plate et mince. **c.** Vague. ....

3 ORAL À DEUX **Tour à tour, choisissez un mot de la liste. Inventez deux phrases : une où le mot sera employé au sens propre et l'autre au sens figuré.**

écran • point • blanc • dévorer • plonger • cœur

4 **a. Surligne l'intrus. b.** ORAL **Justifie ton choix. Utilise un dictionnaire si nécessaire.**

1. dépenser • dilapider • gaspiller • épargner
2. convaincant • contestable • indubitable • probant
3. hideur • charme • beauté • élégance
4. réjouir • affliger • enchanter • ravir

5 **Relie chaque adjectif de la colonne du milieu à son synonyme et son antonyme.**

adroit •	• généreux •	• lumineux
prodigue •	• contraire •	• gauche
antonyme •	• sombre •	• avare
ténébreux •	• habile •	• synonyme

Pour aller plus loin — Les verbes polysémiques

- Un **verbe** peut avoir des **sens différents selon sa construction.**
  *Les enfants **jouent** = se divertissent. Micka **joue au** volley = pratique le volley.*
  *L'humoriste **joue sur** les mots = fait des jeux de mots.* ....

6 **Donne le sens du verbe en gras dans chaque série de phrases.**

1. a. La nourrice **tient** l'enfant dans ses bras. ....
b. Je **tiens** beaucoup à ce vase. ....
c. Justin **tient** de son père. ....
2. a. Lucie **parle** trois langues. ....
b. Ce documentaire **parle** des volcans. ....
c. Mes parents **parlent** de déménager. ....

7 **Écris deux phrases dans lesquelles le verbe aura une construction et un sens différents.**

1. *Compter* : ....
2. *Conduire* : ....
3. *Passer* : ....

8 **Trouve le sens des mots en gras en t'appuyant sur les phrases. Souligne les indices qui t'ont aidé(e).**

1. Parce qu'il ressent une grande **aversion** pour l'eau, Halid refuse de nager. ....
2. Les **fragrances** des fleurs du jardin flattaient son odorat. ....
3. Saurais-tu distinguer les vraies perles d'huître des perles **factices** ? ....

Rencontre héroïque

- **Au cours d'une soirée, Lancelot du Lac, ou un autre chevalier du Moyen Âge, fait la connaissance de Superman. Raconte leur rencontre. Écris…**

a. ★ huit phrases avec au moins deux synonymes, deux antonymes et deux mots polysémiques ;
b. ★★ dix phrases avec au moins trois synonymes, trois antonymes et trois mots polysémiques ;
c. ★★★ douze phrases avec au moins quatre synonymes, quatre antonymes et quatre mots polysémiques.

Je récapitule

12 Les classes de mots

J'applique ce que j'ai appris pour...
bien accorder et orthographier les mots

Je reconnais la classe grammaticale d'un mot

★ **1** **Souligne les verbes, surligne les noms et entoure les déterminants.**

À une heure de l'après-midi, avec la chaleur qui écrasait la ville, les hurlements du chien étaient insupportables. Il était là depuis deux jours sur la place Michelet, et depuis deux jours, il aboyait. C'était un gros chien marron à poils courts, sans collier [...]. Il jappait méthodiquement, une fois toutes les trois secondes à peu près, d'une voix grave qui rendait fou.

Jean-Christophe Ruffin, *Le Collier rouge*, © Gallimard, 2014.

★ **2** **Barre l'intrus dans chacune de ces listes de mots variables. Justifie ta réponse.**

1. émouvoir • décevoir • entonnoir • s'asseoir • prévoir → ....
2. mon • une • cet • chaque • celui-ci → ....
3. travaille • sommeil • oublions • pariez • finit → ....
4. douceur • aimable • accueil • gratitude • patience → ....

★★ **3** **a. Surligne les quatorze pronoms et en entoure les sept déterminants.**
b. ORAL Précise la catégorie de chacun des pronoms et déterminants.

1. J'aime beaucoup la grammaire ; je la trouve logique. 2. Je cherche les sœurs de Malik mais je ne les trouve pas. 3. Les professeurs viendront avec leurs enfants ; nous les accueillerons dans le gymnase et nous leur offrirons des boissons. 4. As-tu déjà rencontré l'homme invisible qui habite ici ? 5. Je ne l'ai jamais vu bien sûr !

★★ **4** **a. Surligne les adjectifs. b. Donne leur fonction en précisant le mot auquel il se rapporte.**

ARLEQUIN. – Quelles mains ravissantes ! les jolis petits doigts ! que je serais heureux avec cela ! mon petit cœur en ferait bien son profit. Reine, je suis bien tendre, mais vous ne voyez rien ; [...], oh ! je deviendrais fou tout à fait.

D'après **Marivaux**, *L'Île des esclaves*, 1725.

ravissantes : épithète du nom « mains » ....

....

....

★★ **5** **Barre l'intrus dans chacune de ces listes de mots invariables. Justifie ta réponse.**

1. pour • sur • vers • mais • chez → ....
2. très • parce que • afin que • même si • lorsque → ....

....

3. bien que • pour que • avant que • donc • quand → ....

....

★★ **6** **a. Souligne les sept conjonctions de coordination, surligne les sept conjonctions de subordination, entoure les sept prépositions. b. ORAL Utilise chacun des autres mots dans une phrase et précise sa classe grammaticale.**

Parce que • pour • de • hélas ! • car • chez • vaillamment • vite • donc • demain • afin que • peut-être • lorsque • ni • malgré • sur • puisque • ou • tandis que • mais • par • et • or • avec • oh ! • pendant que • pour que

7 **a. Place les mots suivants dans la liste qui convient.**
b. ORAL Indique à quelle classe grammaticale appartiennent les mots de chaque liste.

mais • ennuyeux • huit • sait • qui • chez • faim • puisque • enfin • zut

1. d'abord, ensuite, vite, vraiment, ...
2. ont, a, met, est, ...
3. ou, et, ni, donc, ...
4. dans, vers, sur, de, ...
5. ouf, chic, oh, crac, ...
6. il, dont, le mien, ceux, ...
7. grand, vif, extraordinaire, ...
8. dès que, bien que, quand, ...
9. des, cette, mon, plusieurs, ...
10. route, verre, lenteur, sac, ...

8 **DÉFI ORAL À tour de rôle, indiquez la classe grammaticale de chacun des mots du texte. Celui/Celle qui ne s'est pas trompé(e) a gagné.**

Molière est un très grand dramaturge. Il était aussi comédien et directeur de troupe. Avec *Les Précieuses ridicules*, il a obtenu la protection de Louis XIV parce qu'il a su l'amuser en lui montrant la sottise de ceux qui veulent briller dans les salons mondains.

J'accorde les mots dans le groupe nominal

9 **a. Complète les phrases avec les déterminants, les adjectifs ou participes passés en les accordant si nécessaire. b. ORAL Exlique la chaîne d'accord dans chaque GN.**

mon • ce • chaque • plusieurs • adapté • agile • feuilleté • nouveau • roux • souple

1. .... pâte .... est trop grasse. 2. .... joueur porte un équipement .... et des chaussures .... 3. Qui a pris .... écouteurs ? 4. .... écureuils .... se cachent derrière les feuilles ....

10 **a. Complète les phrases avec les mots suivants en les accordant si nécessaire.**
b. Souligne les adjectifs (ou participes), surligne les adverbes, entoure les déterminants.

cet • adorable • chocolaté • vert • ensemble • certain • perçant • quatre • vraiment • vite • épais

1. Ma chienne a eu .... petits .... ! 2. La corneille aux yeux .... repère .... le sachet de biscuits .... 3. .... randonneurs aiment marcher .... 4. Je n'aime pas .... soupe de haricots .... très ....

11 **Écris trois GN selon chacun des modèles suivants.**

un trousseau de clés : ....

....

des livres d'espagnol : ....

....

Je choisis le bon homophone

12 **Complète les phrases avec un des homophones de *ce* (*se, ceux*) ou de *ces* (*ses, c'est, s'est, sais, sait.*)**

Je ne .... pas si vous connaissez *Rhinocéros* de Ionesco. .... une pièce de théâtre dans laquelle une petite ville .... trouve confrontée à une épidémie de rhinocérite. .... habitants vont peu à peu .... transformer en rhinocéros. .... qui font toujours comme les autres .... métamorphosent les premiers. Un seul en réchappe. .... qui est étonnant, ... que ce personnage ne .... jamais montré héroïque. .... un homme ordinaire mais qui n'imite pas les autres.

13 **ORAL À DEUX Chacun(e) à votre tour, composez une phrase avec un des homophones suivants, puis demandez à votre camarade de l'épeler.**

ce • se • ceux • ces • ses • c'est • s'est • sais • sait • près • prêt • on • on n' • ont • mon • m'ont • la • l'a

J'écris et je corrige

Méthode pour relire ce que tu as écrit

1. Pour vérifier les accords au sein du GN, repère les noms et trace les chaînes d'accord. Ajoute si nécessaire les marques du pluriel /du féminin
*Une grande **boîte** remplie de **bonbons** colorés. Des **bijoux** en or très **anciens**.*

2. Pour éviter les erreurs sur les homophones, remplace-les par un autre mot.
***C'est** (cela est) bien **ce** (~~me celui~~) que je te dis ! Je **sais** (savais) où habitent **ses** (les siens) grands-parents.*

14 RÉÉCRITURE **a. Réécris les phrases en mettant au pluriel les mots en gras.**
b. Utilise la méthode pour vérifier tes accords dans les GN.

1. Je n'aime pas ce **roman** d'amour triste ; je préfère **celui** que me conseille Antoine.

....

....

2. Elle te montrera son joli **chapeau** de paille et son **service** à thé original, peint par son père.

....

....

15 Écris en toutes lettres les nombres suivants.

99 : ....

860 : ....

10 600 : ....

1 200 : ....

280 : ....

420 : ....

16 Barre et corrige les mots mal orthographiés.

Voltaire écrit des contes philosophique pour exprimer les différentes valeurs de son époque. Candide, un de s'est héros les plus connus, ce retrouve dans un pays merveilleux où les pierres précieuses se ramassent sur les chemins. Ce qui vivent dans se monde ceux montrent accueillants. Candide admire le roi et ses savants près à tout pour qu'il se sente libre de partir.

Corrections : ....

17 DICTÉE PRÉPARÉE **a. Trace les chaînes d'accord dans les GN et entoure les homophones.**
b. Recopie plusieurs fois les mots que tu ne connais pas pour les mémoriser.

Dès que vous êtes prêts, nous partons visiter l'Eldorado imaginé par Voltaire. C'est une contrée idéale et je sais que vous apprécierez ses merveilles. Je vous montrerai d'abord la capitale qui s'est développée de façon équilibrée et harmonieuse. Vous verrez les édifices publics élevés jusqu'aux nues, les marchés ornés de mille colonnes, les fontaines d'eau pure, celles de liqueurs de cannes de sucre qui coulent continuellement. Ce qui vous surprendra le plus, c'est sûrement le palais des sciences qui se trouve près d'ici, avec sa galerie de deux mille pas, toute pleine d'instruments de mathématiques et de physique.

Atlantica

- **Après avoir lu le texte de la dictée, décris une ville idéale construite sous la mer. Utilise au moins a. ★ six, b. ★★ huit, c. ★★★ dix classes grammaticales différentes.**
- **Vérifie que tu as bien accordé les mots dans le GN et que tu as bien orthographié les homophones.**

13 Les classes de mots

1 **Complète le tableau avec les mots en gras.**

Comme **chaque** nuit, Guy observait **avec tristesse et** mélancolie le portrait **de** sa femme **qui** était accroché **au** mur. **Bien qu'**elle soit morte **depuis** plus de **dix** ans, Guy **restait sombre. Soudain**, il poussa un **grand cri car** il l'avait **vue** bouger ! C'était **absolument inouï** !

Noms	Déterminants	Adjectifs	Verbes	Pronoms
....	....	....	....	....

Prépositions	Adverbes	Conjonctions de coordination	Conjonctions de subordination
....	....	....	....

......./20

2 **Barre et corrige les vingt erreurs.**

Marivaux à écrit ***L'Île des Esclaves*** au Siècle des Lumières. S'est une comédie en un acte rédigé en prose. Un maître est son valet son rescapés d'un naufrage : leur navire et ces passagers ont sombré prêt des côtes inhospitalières et sauvage d'une île inconnu. Iphicrate, le maître, c'est que dans ses étranges contrées, les lois social sont inversées. Se sont les esclaves qui dictent leur lois au maîtres. Arlequin, l'esclave, ceux réjouit de cette nouvel situation tandis qu'Iphicrate est près à tout pour convaincre sont valet de quitter cette endroit.

Corrections : ....

..../20

3 **Écris ici la dictée lue par ton professeur ou, en autonomie, écoute-la en flashant le QR code®.**

....

....

....

....

....

....

....

D'après **Guy de Maupassant**, « Coco », *Contes du jour et de la nuit*, 1885.

Mots bien accordés dans le GN ..../15

Homophones bien orthographiés ..../5

J'évalue mes compétences

	:(	:|	:)
1. Je sais distinguer les mots variables et invariables et reconnaître leur classe grammaticale.			
2. Je sais repérer et corriger les erreurs portant sur les accords et sur les principaux homophones.			
3. Je sais accorder les mots dans le GN et choisir le bon homophone (dans une dictée).			

:(**Entre 0 et 10** :| **Entre 11 et 15** :) **Entre 16 et 20**

Je fais le point

14 L'organisation de la conjugaison

Je révise

- La **conjugaison** d'un verbe est l'**ensemble de toutes les formes** qu'il peut prendre.
- Dans les tableaux de conjugaison, on classe ces formes en **modes** (**personnels** ou **impersonnels**) puis en **temps** (**simples** = un mot, ou **composés** = deux mots).

Mode indicatif

Présent (*Maintenant…*)	**Passé composé** (aux. au présent + PP)
il fait	il **a** fait

Futur simple (*Demain…*)	**Futur antérieur** (aux. au futur + PP)
il fera	il **aura** fait

Imparfait (*Quand j'étais petit…*)	**Plus-que-parfait** (aux. à l'imparfait + PP)
il faisait	il **avait** fait

Passé simple (*Soudain, ce jour-là…*)	**Passé antérieur** (aux. au passé simple + PP)
il fit	il **eut** fait

Mode conditionnel
Les temps du conditionnel peuvent aussi être considérés comme deux temps de l'indicatif.

Présent (*Si c'était possible…*)	**Passé** (aux. au conditionnel présent + PP)
il ferait	il **aurait** fait

Mode subjonctif

Présent (*Il faut qu'…*)	**Passé** (aux. au subjonctif présent + PP)
qu'il fasse	qu'il **ait** fait

Mode impératif

Présent (*Obéis/-sons/-sez et…*)	**Passé** (aux. au subjonctif présent + PP)
fais / faisons / faites	**aie** fait

Mode infinitif

Présent (*Je dois…*)	**Passé** (aux. au passé simple + PP)
faire	**avoir** fait

Mode participe

Présent (*En…*)	**Passé**
faisant	(ayant) fait

Méthode pour reconnaître le mode et le temps d'un verbe

1. Essaie de changer la **personne** du verbe (*je*, *il*…) pour voir s'il est conjugué à un **mode personnel** ou **impersonnel**.
2. Pour les formes **simples** (= un mot), utilise les **amorces temporelles**.
3. Pour les formes **composées** (= deux mots), observe le **temps de l'auxiliaire**.

Je m'entraîne

ORAL **Identifie le mode et le temps de chaque forme verbale. Utilise la Méthode.**

être venu • *ils étaient venus* • *nous venons* • *venant* • *vous êtes venus* • *il vint* • *qu'il vienne* • *tu seras venu* • *venez* • *il viendrait* • *tu viendras* • *nous venions* • *venu* • *il fut venu*

J'évalue ce que je sais déjà

1 **Indique le mode et le temps de chaque forme verbale en gras.**

Après des mois d'une correspondance assidue et enflammée, Gaspard **rencontra** (……………………) enfin Anna pour la première fois. Il **avait rêvé** (……………………) tant de fois de ce moment : **serait** (……………………)-elle blonde, brune, rousse ?
« Pourvu que je lui **plaise** (……………………) », **songeait** (……………………)-t-il.
Souriant (……………………), la jeune femme lui dit d'une voix fluette : « Jamais je n'**ai vu** (……………………) une telle tempête ! Je **connais** (……………………) un café où nous **pourrons** (……………………) nous réchauffer tranquillement.
Suivez (……………………)-moi ! »

……/20

2 **Écris les verbes au mode, au temps et à la personne demandés.**

Indicatif	Impératif présent
(*oublier / présent*) ils ……………………	courir (*2ᵉ personne du singulier*) : ……………………
(*suivre / futur*) nous ……………………	**Conditionnel présent**
(*finir / passé composé*) tu ……………………	(*avertir*) nous ……………………
(*venir / plus-que-parfait*) il ……………………	(*être*) elles ……………………
(*rester / passé simple*) je ……………………	**Subjonctif présent**
(*crier / imparfait*) vous ……………………	(*aller*) qu'il ……………………

……/20

3 **Écris ici la dictée lue par ton professeur ou, en autonomie, écoute-la en flashant le QR code®.**

……………………………………………………………………………………

Formes verbales en *-er*, *-ez* bien orthographiées : ……/4

Formes composées bien orthographiées : ……/13

Autres formes personnelles simples bien orthographiées : ……/3

J'évalue mes compétences

	☹	😐	🙂
1. Je sais reconnaître le mode et le temps d'un verbe.			
2. Je sais conjuguer les verbes aux principaux modes et temps.			
3. Je sais orthographier correctement les verbes (dans une dictée).			

☹ Entre 0 et 10 · 😐 Entre 11 et 15 · 🙂 Entre 16 et 20

J'apprends à… identifier le mode du verbe et à comprendre son emploi.

Les modes

J'observe

1. J'adore **lire** des romans policiers. Il se détend en **lisant** des romans policiers.

2. Tu **lis** un roman policier. J'aimerais que tu **lises** ce roman policier. Si tu avais le temps, tu **lirais** un roman policier. **Lis** ce roman policier !

a. Dans quelle série de phrases le verbe *lire* est-il conjugué à un mode personnel ? ……2…… **à un mode impersonnel ?** ……1……

b. ORAL **Quelles différences perçois-tu entre les actions exprimées dans les phrases de la série 2 ?**

Je mémorise l'essentiel

- Un verbe peut être conjugué à un **mode personnel** : **indicatif**, **impératif**, **subjonctif** ou **conditionnel**, ou à un **mode impersonnel** : **infinitif** ou **participe**.

Méthode pour reconnaître le mode du verbe

Est-ce que tu peux changer la personne (*je*, *il*…) ?

oui = mode personnel

– Si tu peux le faire précéder de *obéis* (*-sons*/*-sez*) *et…*, c'est un **impératif** présent.
*Obéis et **pars**.*

– Si tu peux le faire précéder de *Si c'était possible*, c'est un **conditionnel** présent.
*Si c'était possible, tu **partirais**.*

– Si tu peux le faire précéder de *Il faut que*, c'est un **subjonctif** présent.
*Il faut que tu **partes**.*

– Si tu peux le mettre au futur, c'est un **indicatif** présent.
*Tu pars : tu **partiras**.*

non = mode impersonnel

– S'il se termine par *-er*, *-ir*, *-oir* ou *-re*, c'est un **infinitif** présent.
Partir

– S'il se termine par *-ant*, c'est un **participe** présent.
Partant

– Sinon, c'est un **participe** passé.
Parti

Je m'entraîne

1 ★ **Souligne les verbes conjugués à un mode personnel et surligne les verbes conjugués à un mode impersonnel. Utilise la** Méthode.

dansant • voient • fassent • savoir • devrais • trouvé • avez donné • rougissant • prenne • demander • aurions demandé • avoir gagné • retenu • entendrez • répondit • entrer • montait

2 ★★ **Précise à quel mode est conjugué chaque verbe en gras. Utilise la** Méthode.

Il faut que les élèves **apprennent** (…subjonctif…) la leçon pour **retenir** (…infinitif…) les noms des modes **étudiés** (…participe…) en cours de grammaire. Ils **pourraient** (…conditionnel…) les mémoriser en les **recopiant** (…participe…) cinquante fois ? **Essayons** (…impératif…) plutôt d'inventer des phrases qui **rimeraient** (…conditionnel…) pour les chanter sur un air de rap : « Tu **as dit** (…indicatif…) "impératif" et moi j'ai crié "subjonctif". Je réponds "indicatif" et tu **rétorques** (…indicatif…) "infinitif" ».

3 DÉF À TROIS **Chacun(e) à votre tour, inventez une phrase en utilisant une forme verbale d
Lisez votre phrase à vos camarades. Le premier/La première qui donne le mode de la fo**

16

Pour aller plus loin — Les valeurs des modes personnels

- On emploie principalement :
  – l'**indicatif** pour présenter la réalisation d'une **action comme certaine** ; *Tu es sorti.*
  – l'**impératif** pour **exiger ou souhaiter la réalisation d'une action** ; *Sors !*
  – le **subjonctif** pour présenter la réalisation d'une **action comme possible sans être certaine** ; *Il est possible que tu **sortes**.*
  – le **conditionnel** pour présenter une **action comme incertaine ou improbable** (soumise à une condition). *Si c'était possible, tu **sortirais**.*

Attention : le **conditionnel présent** peut être utilisé comme un **temps dans un récit au passé** pour exprimer une action certaine qui se déroulera après l'action principale.
*Oscar termina de ranger sa cuisine. Le lendemain, il **sortirait** les poubelles.*

4 **a. Dans chaque couple de phrases, souligne le verbe au subjonctif et surligne celui à l'indicatif.**
b. ORAL **Que remarques-tu ?**

1. Je veux que Léa range sa chambre ! Léa range sa chambre pour retrouver son cahier.
2. Tu rentres du collège en bus. Je voudrais que tu rentres plus tôt.
3. Je suis certain que Tom chante faux. Je préfère que Tom ne chante pas !
4. Je propose que nous allions au cinéma. Quand j'étais petit, nous allions tous les samedis au cinéma.

5 **Souligne la phrase dans laquelle le conditionnel est employé comme un temps et surligne celle dans laquelle il est employé comme un mode.**

Léon marchait dans la rue en se demandant comment il annoncerait la mauvaise nouvelle à sa femme. Il songeait : « Si j'avais été plus malin, j'aurais suivi les conseils de mon cousin et je ne serais pas ruiné. »

6 ORAL À DEUX **Au brouillon, chacun(e) complète les six phrases puis les lit à son/sa camarade qui doit préciser le mode du verbe ajouté. Ensemble, justifiez le choix de ce mode.**

Je souhaite que… • *Il m'a dit que…* • *Je sais que…* • *Je ne crois pas que…* • *Si j'étais riche…* • *Soyez sages et…*

7 **a. Relève chaque verbe et précise son mode. b.** ORAL **Justifie l'emploi de chaque mode personnel.**

> **Arlequin.** – Mais parlons d'autres choses, belle demoiselle ; que ferons-nous à cette heure ?
> **Cléanthis.** – Eh ! mais, la belle conversation.
> **Arlequin.** – Je crains que cela ne nous fasse bâiller. Si je devenais amoureux de vous, cela m'amuserait davantage.
> **Cléanthis.** – Eh bien, faites. Poursuivez mon cœur, prenez-le si vous le pouvez, je ne vous en empêche pas.

D'après **Marivaux**, *L'Île des esclaves*, 1725.

– impératif / indicatif
– indicatif / subjonctif / infinitif / indicatif / conditionnel
– impératif x 3 – indicatif x 2

Après négociations

- **Tu souhaites aller dormir chez ton/ta meilleur(e) ami(e) mais tes parents ne sont pas d'accord. Tu tentes de les convaincre. Écris votre conversation en a. ★ huit, b. ★★ dix, c. ★★★ douze phrases.**
- **Utilise au moins une fois chaque mode.**

Le présent de l'indicatif

J'observe

a. Barre et corrige les formes mal orthographiées. b. ORAL Justifie tes corrections.

Kathia plie son origami. • Nicolas nourrie le chat. • Le gratin cuit dans le four. • Thibaut applaudie la pianiste.

....

Je mémorise l'essentiel

- Les terminaisons des verbes au **présent de l'indicatif** changent en fonction de leur groupe.

Les modèles de conjugaison

1er groupe	2e groupe	3e groupe		
Verbes en *-er* (sauf *aller*)	Verbes en *-ir* qui font *-iss* au pluriel	Verbes en *-ir*, *-oir*, *-re*, *-indre*, *-soudre*	Verbes en *-dre* (sauf *-indre* et *-soudre*)	*vouloir*, *pouvoir* et *valoir*
Chanter	**Finir**	**Savoir**	**Prendre**	**Vouloir**
je chante	je finis	je sais	je prends	je veux
tu chantes	tu finis	tu sais	tu prends	tu veux
elle chante	il finit	elle sait	il prend	elle veut
nous chantons	nous finissons	nous savons	nous prenons	nous voulons
vous chantez	vous finissez	vous savez	vous prenez	vous voulez
elles chantent	ils finissent	elles savent	ils prennent	elles veulent

Méthode pour bien orthographier un verbe au présent de l'indicatif

1. Invente une phrase commençant par ***Maintenant***. *Maintenant, je cri?. / Maintenant, j'écri?.*
2. Repère le groupe du verbe et trouve son modèle de conjugaison.
   Crier : 1er groupe / *Écrire* : 3e groupe
3. Repère le sujet pour écrire la bonne terminaison. *Maintenant, **je** crie. / Maintenant, **j'**écris.*

Attention : les verbes en *-cer*, *-ger*, *-yer*, *-eler* et *-eter* se conjuguent de façon particulière.

Je m'entraîne

1 ★ **a. Entoure les verbes au présent de l'indicatif. b. ORAL Indique leur modèle de conjugaison.**

1. Tu veux me voir. **2.** Je cours vite. **3.** Vous regarderez le paysage. **4.** Tu traduis une chanson. **5.** Emma apprécie les compliments. **6.** Nous savons que tu mens. **7.** Nous plions nos draps. **8.** Léo construisit une cabane. **9.** « Quelle surprise ! » s'écrie Jeanne. **10.** Crois-tu que nous arriverons à l'heure ? **11.** Ne touche surtout pas à mes stylos ! **12.** Je pense donc je suis.

2 ★★ **Réécris les verbes au singulier.**

1. Vous confiez votre secret. → Tu .... ton secret. **2.** Vous distribuez les cartes. → Tu .... les cartes. **3.** Ils oublient tout. → Il .... tout. **4.** Nous sourions au bébé. → Je .... au bébé. **5.** Ils envoient un colis. → Il .... un colis. **6.** Ils revoient la leçon → Il .... la leçon.

3 TOP CHRONO **Conjugue les verbes au présent en moins de deux minutes.**

- vendre : je ....
- faire : vous ....
- peindre : elle ....
- jeter : on ....
- acheter : j' ....
- voir : ils ....
- vivre : tu ....
- dire : vous ....
- connaître : tu ....
- croire : il ....
- plonger : nous ....
- appeler : tu ....
- ralentir : il ....
- prendre : tu ....
- commencer : nous ....
- employer : elle ....
- appuyer : ils ....
- pouvoir : je ....

4 **Complète chaque phrase en conjuguant le verbe à l'indicatif présent.**

1. Ce diamant (*valoir*) ....
2. Nous (*geler*) ....
3. Vous (*dire*) ....
4. Lola et moi (*manger*) ....
5. Ivan (*appeler*) ....
6. Lou (*recopier*) ....
7. Nous (*nager*) ....
8. Je (*résoudre*) ....

5 **a. Barre et corrige les verbes mal orthographiés. b.** ORAL **Justifie tes corrections.**

Coucou Marie, je t'envois une carte des Alpes. Je t'écrie depuis les pistes. Ici, il gèle ! Je ne m'ennuis pas : je prends des cours de ski. Je paris que je peut déjà descendre plus vite que toi. J'adore le miel de sapin et je veut absolument t'en rapporter. Bise, Yassine.

Corrections : ....

Pour aller plus loin — Les valeurs du présent de l'indicatif

- On emploie principalement le présent pour :
  – exprimer un fait se déroulant au moment où on parle → **présent d'actualité** ; *Je **suis** là !*
  – donner l'impression, dans un récit, que les actions se déroulent « en direct » → **présent de narration** ; *Napoléon **regarde** ses soldats.*
  – exprimer un fait toujours vrai → **présent de vérité générale**. *Les cigognes **émigrent** au Maroc l'hiver.*

6 **Surligne les verbes au présent d'actualité, souligne ceux au présent de narration et entoure ceux au présent de vérité générale.**

1. Ce matin, nous révisons le présent de l'indicatif. 2. Victor Hugo s'engage contre Napoléon III. 3. Les tortues sont des reptiles. 4. Le chevalier revêt son armure. 5. Deux et deux font quatre. 6. Tu sais, les dauphins cherchent souvent à s'amuser avec les humains et présentent un caractère très sociable. 7. Aujourd'hui, nous visitons une réserve naturelle.

7 DICTÉE PRÉPARÉE **a. Souligne les verbes au présent et surligne leur sujet.**
b. Recopie plusieurs fois les mots que tu ne connais pas pour les mémoriser.

Ménalque descend son escalier, ouvre sa porte pour sortir : il réalise qu'il porte encore son bonnet de nuit ! Quand il marche dans la rue, il se cogne souvent le front contre quelqu'un et tombe avec lui à la renverse. Il cherche, il crie, il appelle : il perd tout, il égare tout. Il entre dans un salon, et passe sous un lustre où sa perruque s'accroche : tous les gens rient mais Ménalque ne comprend pas pourquoi.

D'après **Jean de La Bruyère**, « Ménalque le distrait », *Les Caractères*, 1687.

En direct d'un manoir hanté !

- **Tu visites un manoir hanté. Dans un carnet, tu notes sur le vif ta visite pour ne rien oublier. Écris a. ★ huit, b. ★★ dix, c. ★★★ douze phrases en utilisant des verbes au présent.**
- **Varie les modèles de conjugaison.**

17 Le futur

J'apprends à...
bien orthographier les verbes.

J'observe

a. Surligne les verbes au futur. b. ORAL Explique comment tu as fait pour les repérer.

nous jouons • nous prendrons • je choisissais • elles joueront • il dirait • nous verrons • j'aiderai

Je mémorise l'essentiel

- Les terminaisons du **futur** sont **les mêmes pour tous les verbes** : *-rai*, *-ras*, *-ra*, *-rons*, *-rez*, *-ront*.
  *finir → je fini**rai**, tu fini**ras**, il fini**ra**, nous fini**rons**, vous fini**rez**, elles fini**ront***
- Les **valeurs** du futur : le futur exprime une **action qui va se produire** ou bien un **ordre**.
  *Je **nettoierai** la cuisine samedi prochain. – Vous **nettoierez** toutes ces traces avant ce soir.*

Méthode pour bien orthographier le verbe au futur

1. Pour trouver la bonne forme, invente une phrase commençant par ***Demain***.
2. Pour écrire la bonne terminaison, repère le **sujet**.
   *Demain, **elles** gagne<u>ront</u> le match.* ....

Je m'entraîne

★ 1 Écris au futur les verbes entre parenthèses. Utilise la Méthode.

1. Maud (*sortir*) .... de la piscine. 2. Je (*rire*) .... à tes farces. 3. Nous (*pouvoir*) .... venir à Lyon. 4. Tu (*voir*) .... Kathia à ma fête. 5. Elles (*prendre*) .... des nouvelles d'Hélène. 6. Tu (*appeler*) .... Mamie ce soir. 7. Vous (*revenir*) .... nous voir. 8. Nous (*envoyer*) .... un message. 9. (*Faire*) ....-tu un gâteau ?

★★ 2 TOP CHRONO a. Écris les verbes au futur en moins de deux minutes. Utilise la Méthode.
b. ORAL Que remarques-tu concernant ces différents verbes ?

- nous (*appuyer*) ....
- vous (*employer*) ....
- je (*distribuer*) ....
- tu (*oublier*) ....
- ils (*essuyer*) ....
- il (*avouer*) ....
- elle (éternuer) ....
- je (*plier*) ....
- tu (*jouer*) ....

★★★ 3 a. Réécris ce texte au futur. b. ORAL Indique la valeur du futur dans ton texte.

La hauteur des maisons diminue, le désordre de leur disposition s'accentue, les accrocs dans le tissu urbain se multiplient, les buissons au bord de la route, les arbres qui se dépouillent de leurs feuilles, [...] devant la ligne de collines qui se devine à l'horizon.

Michel Butor, *La Modification*, © Minuit, 1957.

....
....
....

Suivez le guide !

- **En ton absence, tes amis viennent visiter ta ville. Écris tes instructions pour les guider.**
  Emploie au moins a. ★ huit, b. ★★ dix, c. ★★★ douze verbes au futur.

18 L'imparfait de l'indicatif

J'apprends à...
bien orthographier les verbes.

J'observe

a. Barre et corrige les verbes mal orthographiés à l'imparfait. b. ORAL Justifie tes corrections.

vous recopiez • nous payions • tu dormais • je mangeai • elle prendrait • ils lisaient • je venais

....

Je mémorise l'essentiel

- À l'**imparfait**, les terminaisons sont **les mêmes pour tous les verbes** : *-ais*, *-ais*, *-ait*, *-ions*, *-iez*, *-aient*.
- Les **valeurs** de l'imparfait
On utilise l'imparfait pour :
– rapporter une **habitude** passée ; *Chaque matin, je **buvais** un thé.*
– raconter une **action secondaire** ; *Lou **lisait** lorsqu'on frappa à la porte.*
– **décrire** quelqu'un, un objet, etc. *Tu **portais** des bottes noires.*

Méthode pour bien orthographier un verbe à l'imparfait

1. Pour trouver la bonne forme, invente une phrase commençant par ***Quand j'étais petit...***
2. Pour écrire la bonne terminaison, repère le **sujet**. *Quand j'étais petit, **nous** fais**ions** la sieste.*

Je m'entraîne

★ **1** TOP CHRONO **Conjugue les verbes à l'imparfait en moins de deux minutes. Utilise la Méthode.**

- savoir : je ....
- obéir : tu ....
- jeter : ils ....
- courir : vous ....
- vouloir : vous ....
- prendre : nous ....
- monter : tu ....
- nager : elle ....
- déplacer : elles ....
- promettre : je ....
- retenir : il ....
- faire : vous ....

★★ **2** **a. Conjugue les verbes à l'imparfait. b. ORAL Que remarques-tu concernant ces verbes ?**

- nous (*envoyer*) ....
- nous (*étudier*) ....
- nous (*croire*) ....
- vous (*fouiller*) ....
- vous (*grogner*) ....
- vous (*briller*) ....
- vous (*déplier*) ....
- nous (*photographier*) ....
- vous (*soigner*) ....

★★★ **3** RÉÉCRITURE **a. Réécris le texte à l'imparfait. b. ORAL Précise la valeur de l'imparfait.**

L'inspecteur arrive toujours à six heures, jette sa cigarette et prend place dans le bureau où il perce les mystères. Nous apprécions sa fermeté mais nous craignons son caractère.

....
....
....

Quand j'avais ton âge...

- **Imagine et raconte à l'imparfait une journée d'un de tes grands-parents, quand il/elle était adolescent(e). Emploie a. ★ huit, b. ★★ dix, c. ★★★ douze verbes à l'imparfait.**

19 Passé simple

J'apprends à...
bien orthographier les verbes.

J'observe

a. **Barre et corrige les formes verbales incorrectes.** **b.** ORAL **Justifie tes corrections.**

Je demanda une glace et la mangeai. • Tu embrassis Mamie. • Il découvrit un trésor. • On éteigna la lumière.

....

Je mémorise l'essentiel

- Les terminaisons des verbes au **passé simple** changent en fonction de leur groupe.

Les modèles de conjugaison

1er groupe	2e groupe	3e groupe		
Chanter	**Finir**	**Partir**	**Vouloir**	**Venir**
je chant**ai**	je fin**is**	je part**is**	je voul**us**	je v**ins**
tu chant**as**	tu fin**is**	tu part**is**	tu voul**us**	tu v**ins**
elle chant**a**	il fin**it**	elle part**it**	il voul**ut**	elle v**int**
nous chant**âmes**	nous fin**îmes**	nous part**îmes**	nous voul**ûmes**	nous v**înmes**
vous chant**âtes**	vous fin**îtes**	vous part**îtes**	vous voul**ûtes**	vous v**întes**
ils chant**èrent**	elles fin**irent**	ils part**irent**	elles voul**urent**	ils v**inrent**

- *Tenir*, *venir* et leurs composés (*devenir*, *retenir*…) se conjuguent sur le même modèle.

Méthode pour bien orthographier un verbe au passé simple

1. Pour trouver le bon modèle de conjugaison, invente une phrase commençant par ***Soudain, ce jour-là…***
2. Pour trouver la bonne terminaison, repère le sujet.
*Soudain, ce jour-là, **j'arrivai / il arriva** en retard.*

Je m'entraîne

1 ★ **En utilisant l'amorce *Soudain, ce jour-là*, souligne les verbes conjugués au passé simple.**

1. Nous partîmes aux aurores. **2.** Vous alliez au cinéma. **3.** Vous faites n'importe quoi. **4.** Elle lut deux romans policiers. **5.** J'aimais l'odeur des bois. **6.** Elle écoutera l'émission. **7.** Je ne pus lui répondre. **8.** Ils trouvèrent un trésor. **9.** Je crus ne jamais te revoir. **10.** Elle cherchera le trésor. **11.** Il répondit « oui ». **12.** Elle lit le journal.

2 ★★ TOP CHRONO **En moins de deux minutes, écris les verbes au passé simple. Utilise la Méthode.**

- manger : je ....
- vivre : ils ....
- entendre : elles ....
- falloir : il ....
- choisir : nous ....
- lire : ils ....
- perdre : nous ....
- payer : nous ....
- jouer : elle ....
- passer : je ....
- paraître : je ....
- prendre : vous ....

3 a. **Écris les verbes au passé simple.** b. ORAL **Que remarques-tu ?**

il (*dire*) .... • tu (*finir*) .... • j'(*obéir*) .... • elle (*réunir*) .... • tu (*fuir*) ....

4 a. **Barre les formes incorrectes.** b. ORAL **Justifie tes corrections.**

il faisa / fit • elle disa / dit • il ouvra / ouvrit • elle sorta / sortit • j'aima / aimai • je vendai / vendis • tu croyas / crus • elle lisa / lut • ils écrivèrent / écrivirent • elles entendèrent / entendirent • il savèrent / surent • elles dormèrent / dormirent • je finissai / je finis • tu venas / vins • il regardit / regarda • ils rièrent / rirent

5 **Réécris ces phrases au passé simple.**

1. Nous partons en bateau. → ....
2. Je dis le contraire. → ....
3. Ils veulent des pâtisseries. → ....
4. Elle met son écharpe et enfile ses gants. → ....

Pour aller plus loin — Les valeurs du passé simple

- À la différence de l'imparfait qui exprime une action secondaire, le **passé simple** est utilisé dans un **récit au passé** pour raconter les **événements principaux** de l'histoire (premier plan).
  Nous naviguions sur une mer calme quand l'orage ***éclata****.*
- Le **passé simple** convient pour exprimer des **actions**, brèves ou longues, qui **s'enchaînent** et qui sont **limitées dans le temps.** *Le capitaine* ***accourut*** *puis* ***reprit*** *la barre et* ***affronta*** *la tempête.*

6 **Écris une phrase avec les verbes proposés. Mets une des actions au premier plan et l'autre à l'arrière-plan, en suivant l'exemple :** *regarder / traverser : Je regardais les nuages quand un éclair traversa le ciel.*

1. pleuvoir / apparaître : ....
2. rencontrer / chercher : ....
3. commencer / écrire : ....

7 a. **Corrige les erreurs de conjugaison et d'utilisation des temps.** b. ORAL **Justifie tes corrections.**

Un jour, alors qu'Ernest surveillait la mer, il croyait voir un navire au loin. Il attrapit ses jumelles, observait longtemps l'océan mais ne pouva rien voir dans la brume. Il écriva rapidement un message et l'envoyait au gardien du phare.

Corrections : ....

8 DICTÉE PRÉPARÉE a. **Souligne les verbes au passé simple.**
b. **Recopie plusieurs fois les mots que tu ne connais pas pour les mémoriser.**

Je hâtai le pas, inquiet d'être seul dans ce bois, apeuré sans raison, stupidement, par la profonde solitude. Tout à coup, il me sembla que j'étais suivi. Je me retournai brusquement. J'étais seul. Je ne vis derrière moi que la droite et large allée vide, haute, redoutablement vide. Je fermai les yeux. Pourquoi ? Et je me mis à tourner sur un talon, très vite, comme une toupie. Je faillis tomber ; je rouvris les yeux ; les arbres dansaient, la terre flottait ; je dus m'asseoir.

D'après **Guy de Maupassant**, *Le Horla*, 1887.

La grande évasion

- **Un héros emprisonné dans une forteresse décide de s'échapper. Raconte son évasion en employant au moins a. ★ huit, b. ★★ dix, c. ★★★ douze verbes au passé simple.**
- **Utilise les trois groupes de verbes.**

J'apprends à...
bien orthographier les verbes.

20 *Avoir* et *être* aux temps simples de l'indicatif

J'observe

a. Souligne les verbes conjugués à un temps composé. b. Entoure les formes du verbe *avoir* et surligne les formes du verbe *être*. c. ORAL Explique comment tu fais pour les reconnaître.

Nous avions rendez-vous à sept heures. • Elle sera partie avant ton arrivée. • J'ai joué du piano. • Êtes-vous prêts ?

Je mémorise l'essentiel

• *Avoir* et *être* peuvent être employés **seuls** ou comme **auxiliaires** pour former les temps composés.

*J'**ai** deux chats. / J'**ai** nourri mes chats.* ....

Avoir

présent		futur		imparfait		passé simple	
j'	ai	j'	aurai	j'	avais	j'	eus
tu	as	tu	auras	tu	avais	tu	eus
il	a	il	aura	il	avait	il	eut
nous	avons	nous	aurons	nous	avions	nous	eûmes
vous	avez	vous	aurez	vous	aviez	vous	eûtes
elles	ont	elles	auront	elles	avaient	elles	eurent

Être

présent		futur		imparfait		passé simple	
je	suis	je	serai	j'	étais	je	fus
tu	es	tu	seras	tu	étais	tu	fus
il	est	il	sera	il	était	il	fut
nous	sommes	nous	serons	nous	étions	nous	fûmes
vous	êtes	vous	serez	vous	étiez	vous	fûtes
elles	sont	elles	seront	elles	étaient	elles	furent

• **Attention :** il est essentiel de **mémoriser les conjugaisons des auxiliaires** pour identifier et conjuguer les **verbes aux temps composés.** (→ Fiche 21)

Je m'entraîne

★ **1** **a. Surligne les formes du verbe *être* et entoure celles du verbe *avoir*. b. Souligne les deux mots des verbes conjugués à un temps composé. c. ORAL Précise le temps des verbes *avoir* et *être*.**

1. Tu avais bien dormi. 2. Lola est née à Rio. 3. Tu suis le chemin tout droit. 4. J'aurai quatorze ans en août. 5. Pablo fit ses études à Québec. 6. Ils furent en retard. 7. Je ne saurai pas te dire qui était là. 8. Inès eut la chance de te rencontrer. 9. Ils ne seront jamais rentrés avant la nuit. 10. Pourquoi étiez-vous absents hier ?

★★ **2** **ORAL À DEUX Chacun(e) choisit une liste et demande à son/sa voisin(e) de donner l'infinitif et le temps des verbes.**

1. il a • nous fûmes • vous étiez • ils auront • elle sera • j'eus • tu avais • ils ont • elle était • vous serez • je suis • nous eûmes • tu fus • elles avaient • vous êtes

2. nous eûmes • je fus • elles seront • nous avions • vous fûtes • j'ai • tu étais • ils sont • elle sera • tu eus • vous aviez • elles furent • il est • nous aurons • vous étiez

3 TOP CHRONO **a. Indique le temps employé en moins d'une minute.**
b. Surligne les formes du verbe *être* et entoure celles du verbe *avoir*.

1. nous aurons (..............................) 2. vous étiez (..............................) 3. elles avaient (..............................)
4. vous serez (..............................) 5. j'étais (..............................) 6. tu as (..............................)
7. ils furent (..............................) 8. tu es (..............................) 9. tu eus (..............................)
10. nous étions (..............................) 11. vous eûtes (..............................) 12. vous avez (..............................)
13. il sera (..............................) 14. elles auront (..............................) 15. ils eurent (..............................)

4 **a. Écris le verbe *avoir* au temps demandé. b. Souligne les verbes conjugués à un temps composé.**

1. J' (*futur*) .... mon brevet dans un an. 2. Nous (*présent*) .... pris le bus pour venir. 3. Tu (*imparfait*) .... promis que tu viendrais. 4. Ils (*passé simple*) .... beaucoup d'enfants. 5. Vous (*futur*) .... encore du retard. 6. Joséphine (*imparfait*) .... mangé du homard. 7. Tu (*présent*) .... tort. 8. On (*passé simple*) .... beaucoup trop chaud.

5 **a. Écris le verbe *être* au temps demandé. b. Souligne les verbes à un temps composé.**

1. Nous (*présent*) .... à l'heure. 2. Tu (*imparfait*) .... en Afrique. 3. Je (*futur*) .... en vacances. 4. Elles (*imparfait*) .... arrivées à l'heure. 5. Ils (*passé simple*) .... heureux. 6. Il (*futur*) .... content de te voir. 7. Zoé (*présent*) .... partie à la gare.

6 TOP CHRONO **En moins d'une minute, écris les auxiliaires au temps demandé.**

- (*avoir / futur*) : nous ....
- (*être / passé simple*) : vous ....
- (*avoir / imparfait*) : tu ....
- (*être / présent*) : elles ....
- (*avoir / présent*) : j'....................
- (*être / futur*) : tu ....
- (*avoir / passé simple*) : ils ....
- (*être / imparfait*) : tu ....
- (*avoir / passé simple*) : nous ....

7 **Barre et corrige les erreurs.**

1. Vous avez de bonnes idées. 2. Est-tu d'accord ? 3. On avait dit non. 4. Ils ont partis en voyage. 5. J'ai monté au grenier. 6. Lise est végétarienne. 7. Ils sont apprécié notre exposé. 8. Victor eut une frayeur. 9. Quand ils furent rejoint leurs amis, ils fûrent heureux. 10. Tu a fini !

Corrections : ....
....
....

8 DICTÉE PRÉPARÉE **a. Surligne les formes du verbe *être*. b. Entoure les formes du verbe *avoir*.**
c. Recopie plusieurs fois les mots que tu ne connais pas pour les mémoriser.

Le duc avait organisé un bal dans son palais. Les rois n'ont pas un palais semblable. Tout ce que l'Italie a de plus magnifique fut réuni ce soir-là. Tous les jeunes nobles eurent l'honneur d'être invités. Parmi tant de femmes remarquables il fut question de décider quelle était la plus belle : la princesse Vanina Vanini fut proclamée la reine du bal. Le jeune Livio eut le plaisir de danser avec elle. L'assistance avait murmuré alors : « C'est le jeune homme le plus brillant de Rome, et il sera bientôt prince lui aussi. »

D'après **Stendhal**, *Vanina Vanini*, 1829.

Bienvenue à l'Élysée

- **Deux délégués de classe annoncent à leurs camarades que la classe est invitée à l'Élysée. Rapporte l'échange entre les délégués et la classe en variant le plus possible les formes des verbes *être* et *avoir*. Emploie a. ★ huit, b. ★★ dix, c. ★★★ douze formes du verbe *avoir* et du verbe *être* en variant les temps.**

21 Les temps composés de l'indicatif

J'apprends à...
construire et bien orthographier les verbes aux temps composés.

J'observe

a. À quel temps composé sont les verbes soulignés. b. ORAL Explique comment tu as fait pour répondre.

nous avons dormi (..) • il était descendu (..)
• ils auront dansé (..)

Je mémorise l'essentiel

• Chaque **temps composé** est formé de l'**auxiliaire** conjugué à un temps simple et du **participe passé** du verbe.

Méthode pour former les temps composés

• À chaque temps simple correspond un temps composé.

on met l'auxiliaire :		pour avoir le verbe :
au présent *avoir → j'ai, nous avons* *être → je suis, nous sommes*	→	**au passé composé** *j'**ai** parlé • je **suis** venu(e)*
à l'imparfait *avoir → j'avais, nous avions* *être → j'étais, nous étions*	→	**au plus-que-parfait** *j'**avais** parlé • j'**étais** venu(e)*
au futur simple *avoir → j'aurai, nous aurons* *être → je serai, nous serons*	→	**au futur antérieur** *j'**aurai** parlé • je **serai** venu(e)*
au passé simple *avoir → j'eus, nous eûmes* *être → je fus, nous fûmes*	→	**au passé antérieur** *j'**eus** parlé • je **fus** venu(e)*

• **Attention :** si le verbe se conjugue avec *être*, on accorde le participe passé avec le sujet.
Elles ont goûté. Elles sont venues. ....

Je m'entraîne

★ **1 Surligne les verbes à un temps composé et classe-les dans le tableau ci-dessous.**

Elles auront pris le bus. • J'avais perdu mes clés. • Il eut de la chance. • Quand il fut arrivé, il se sentit rassuré. • Il est parti hier. • On n'a jamais vu pareil déguisement ! • Nous étions devenus des champions. • As-tu déjà lu ce roman ? • Quand vous serez descendues, appelez un taxi. • Vous êtes toujours rentrés tard. • Le jardinier s'en alla dès qu'il eut terminé de balayer les feuilles. • J'ai longtemps cru que les canards ne pouvaient pas voler.

Passé composé	Plus-que-parfait	Futur antérieur	Passé antérieur
....	....	....	....
....	....	....	....

★ **2** **Conjugue les verbes au passé composé puis au plus-que-parfait. Utilise la Méthode.**

j' (*finir*) .... / ....
tu (*pouvoir*) .... / ....
ils (*entrer*) .... / ....
nous (*prendre*) .... / ....
• nous (*venir*) .... / ....
• elles (*sortir*) .... / ....
• il (*écouter*) .... / ....
• tu (*vivre*) .... / ....

★★ **3** ORAL À DEUX **Chacun(e) choisit une liste. À tour de rôle donnez pour chaque verbe la 1re personne du singulier et du pluriel de tous les temps composés. Vérifiez que vous n'avez pas fait d'erreur.**

1. connaître • prendre • écrire • commencer • tenir 2. pouvoir • passer • suivre • entendre • sentir

★★ **4** TOP CHRONO **Écris, en moins de deux minutes, les verbes au temps composé demandé.**

revenir (*plus-que-parfait*) : nous ....
rendre (*plus-que-parfait*) : il ....
promettre (*passé antérieur*) : ils ....
tomber (*plus-que-parfait*) : elle ....
• écrire (*futur antérieur*) : vous ....
• devoir (*passé composé*) : j' ....
• entendre (*passé composé*) : ils ....
• dire (*futur antérieur*) : j' ....

Pour aller plus loin — La valeur des temps composés

• On utilise un temps composé pour exprimer une **action qui est terminée et qui s'est déroulée avant une autre.**
*Quand j'**ai lu*** (passé composé) *un roman, je le range* (présent) *dans la bibliothèque.*
*Quand j'**aurai lu*** (futur antérieur) *ce roman, je le rangerai* (futur) *dans la bibliothèque.*

★★ **5** **a. Réécris les phrases en mettant les verbes en gras au temps composé correspondant sans changer la personne. b.** ORAL **Explique la différence de sens entre les deux phrases.**

1. Anna **sort** tous les soirs. → ....
2. Tu **prenais** l'avion pour le Maroc. → ....
3. Vendredi, je **lirai** ce roman. → ....
4. Quand elle **retrouva** ses clés, elle fut soulagée. → ....

★★★ **6** **a. Complète les phrases en employant les temps composés qui conviennent.**
b. ORAL **Justifie tes choix.**

1. Je quittai le bal une fois que j' ....
2. En général, nous lisions des bandes dessinées quand ....
3. Lola est absente : son train ....
4. Nous partîmes dès que ....
5. Tu venais toujours me voir lorsque tu ....

★★★ **7** DICTÉE PRÉPARÉE **a. Souligne les verbes conjugués à un temps composé.**
b. Recopie plusieurs fois les mots que tu ne connais pas pour les mémoriser.

Voilà le carrefour de la vie, jeune homme. Vous avez dû faire un choix, et vous avez choisi : vous êtes allé chez votre cousine, et vous y avez flairé le luxe. Ce jour-là vous êtes revenu avec une idée en tête que j'ai su lire en vous : « Devenir riche ! » Bravo, ai-je dit, voilà un gaillard qui a compris la vie. Alors, il a fallu de l'argent. Vous avez pris celui de vos sœurs. Mais quand vous aurez dépensé cet argent, que ferez-vous ?

D'après **Honoré de Balzac**, *Le Père Goriot*, 1834.

Farces et attrapes

• **Écris un récit qui commencera par la phrase suivante :** « La fillette était très fière de sa farce. Devant ses amis amusés, elle raconta comment elle avait tout organisé. Elle avait d'abord… »
• **Emploie au moins a. ★ huit, b. ★★ dix, c. ★★★ douze verbes au plus-que-parfait.**

22 Choisir la bonne terminaison : *-é, -er* ou *-ez*

J'observe

a. Dans chaque phrase, barre et corrige le verbe mal orthographié.
b. Explique comment tu as fait.

1. Je vais tout vous expliquez. 2. Je vous ai tout détailler. 3. Vous le justifier très bien.

....

....

Je mémorise l'essentiel

- Pour écrire *-é*, *-er* ou *-ez*, on remplace le verbe par un verbe du 3e groupe **sans s'occuper de ce qui suit le verbe.**

Méthode pour ne pas confondre les formes verbales en *-é, -er, -ez*

-é, -er ou *-ez* ? →	Tu peux le remplacer par *pris*. →	Le verbe est au **participe passé**. →	Écris *-é*.
	Tu peux le remplacer par *prendre*. →	Le verbe est à l'**infinitif**. →	Écris *-er*.
	Tu peux le remplacer par *prenez*. →	Le verbe est à la **2e personne du pluriel** de l'**indicatif** ou de l'**impératif**. →	Écris *-ez*.

*Hier, j'ai enregistr**é** (pris) l'exposé. Je vais enregistr**er** (prendre) l'exposé. Vous enregistr**ez** (prenez) l'exposé.*

Attention
- Le pronom *vous* n'est pas toujours le sujet du verbe qui le suit.
  *Vous enregistr**ez** (prenez) l'exposé. Je vais vous enregistr**er** (prendre).*
- Le participe passé en *-é* doit parfois s'accorder. ***Nous** sommes tomb**és** d'accord.* (→ Fiche 40)

Je m'entraîne

★ **1 Complète les verbes avec *-é*, *-er* ou *-ez*. Utilise la Méthode.**

1. Le sorcier a effac......... cette tache. Il est impossible d'effac......... cette tache. 2. Qui peut tu......... le dragon ? Jason a tu......... le dragon ! 3. Vous observ......... les hirondelles. Nous avons observ......... les hirondelles. 4. As-tu décor......... le sapin ? Veux-tu décor......... le sapin ? 5. Je voudrais donn......... mon avis.

★★ **2 ORAL À DEUX Chacun(e) écrit au brouillon quatre phrases contenant au moins un verbe du 1er groupe, à l'infinitif (*-er*) ou au participe passé (*-é*) ou à la 2e personne du pluriel de l'indicatif/impératif présent (*-ez*). Dictez-vous vos phrases et corrigez ensemble.**

★★ **3 Complète les verbes avec *-é*, *-er* ou *-ez*. Utilise la Méthode.**

1. Nous avons décid......... de prépar......... une surprise pour fêt......... l'anniversaire de Lucas. 2. Louise va vous annonc......... une nouvelle. 3. Où habit.........-vous ? 4. Ne march......... pas sur la pelouse. Vous risqu......... de l'abîm.......... 5. Je pense vous appel......... lundi. 6. Ne pas oubli......... de ferm......... la porte à clé. 7. J'ai commenc......... à nag......... à quatre ans. 8. Avez-vous termin......... l'exercice sans vous tromp......... ?

4 **Transforme les phrases en suivant le modèle.**

Tu lui donnes un conseil. → Vous lui donnez un conseil. → Je lui ai donné un conseil. → Je vais vous donner un conseil.

1. Tu me répètes la consigne. → Vous me ....
→ Je vous ai .... → Je vais vous ....
2. Tu nous racontes des blagues drôles. → Vous nous ....
→ Je vous ai .... → Je vais vous ....
3. Tu lui téléphones tous les jours. → Vous lui ....
→ Je vous ai .... → Je vais vous ....

5 **Emploie dans une phrase chaque forme verbale sans la modifier.**

1. *changé* : ....
2. *payer* : ....
3. *entrez* : ....
4. *risquer* : ....

6 **Complète chaque phrase avec des verbes du 1er groupe de ton choix.**

1. Ils ont .... toute la journée sans .... une seule fois.
2. J'ai .... l'.................. à mon anniversaire, mais elle a .... de venir.
3. Ne .... pas à gauche sans .... dans votre rétroviseur.
4. Nathanaëlle vous a .... de .... un peu plus longtemps.

7 **Barre et corrige les formes verbales mal orthographiées.**

Jonathan a publié les photos du concert que nous avons donner hier soir. Regardez-les ; moi, j'en ai pleurer de rire ! N'hésitez pas à les téléchargez, c'est le fou rire assuré ! On me voit me relevé en titubant après être tomber de la scène au milieu du public en délire, qui, heureusement, avait pu me rattrapé. Pendant ce temps, vous, vous avez continuez à jouer.

Corrections : ....

8 DICTÉE PRÉPARÉE **a. Surligne les formes verbales se terminant par *-é, -er* et *-ez*.**
b. ORAL **Justifie leur terminaison en utilisant la** Méthode.
c. Recopie plusieurs fois les mots que tu ne connais pas pour les mémoriser.

Ce matin, comme tous les matins, je n'ai pas pu me réveiller sans avoir écouté de la musique. J'avais programmé mon radioréveil pour déguster mon quart d'heure de hip-hop avant de poser le pied sur ma carpette. Puis je suis allé dans la cuisine pour essayer de traire la vache qui allait me donner du lait chaud. Non, c'est une blague ! C'est pour vous tester, savoir si vous accordez crédit à tout ce que je prétends ! Mon bol de chocolat chaud était déjà préparé et m'attendait.

Dur métier !

- **Tu viens de faire ton premier baby-sitting pour garder des jumeaux. Mais tout ne s'est pas passé comme tu l'aurais espéré. Raconte ta soirée en :**

a. ★ huit phrases en employant huit verbes du 1er groupe (ou *aller*) ;
b. ★★ dix phrases en employant dix verbes du 1er groupe (ou *aller*) ;
c. ★★★ douze phrases en employant douze verbes du 1er groupe (ou *aller*).

- **Insère des dialogues et varie les terminaisons. Tu peux utiliser les verbes de la liste suivante.**

crier • pleurer • appeler • manger • ranger • laver • demander • tomber • casser • habiller • dîner

23 Bien orthographier le participe passé (2e et 3e groupes)

J'apprends à...
bien orthographier les verbes.

J'observe

a. Barre les participes passés mal orthographiés et corrige-les. b. Explique comment tu as fait.

1. La maison est construite sur pilotis. 2. J'ai construi une fusée.
3. Noémie a été prise d'une quinte de toux. 4. Elle a prit le train de 12 h.

....

....

Je mémorise l'essentiel

- Le **participe passé** peut être utilisé **seul** comme un **adjectif**, ou bien avec un **auxiliaire** pour former un **temps composé**.

2e groupe	3e groupe				
-i	-i	-is	-it	-u	-t
(j'ai) **fini**	(j'ai) **dormi**	(j'ai) **promis**	(j'ai) **écrit**	(je suis) **venu**	(j'ai) **offert**

Méthode pour trouver la terminaison d'un participe passé au masculin singulier

1. Pour trouver le participe passé d'un verbe, mets-le au **passé composé**.
*Courir : hier, j'ai couru. → Le participe passé est **couru**.*
2. Pour bien orthographier le participe passé au masculin singulier, mets-le au féminin en disant ***elle est*** puis **enlève le *-e* final.**
*Comprendre : elle est **comprise** → **compris**. Peindre :* ....

- **Attention :** le participe passé doit parfois s'accorder. (→ Fiche 40)

Je m'entraîne

★ 1 Écris les participes passés des verbes. Utilise la Méthode.

1. Il a (*écrire*) .... ce roman. 2. Nous avons (*craindre*) .... pour notre vie. 3. J'ai (*recevoir*) .... un message. 4. Lui as-tu (*permettre*) .... d'entrer ? 5. Vous avez (*faire*) .... trop de bruit. 6. Vous avez (*croire*) .... à cette blague ! 7. As-tu (*trahir*) .... tes amis ?

★ 2 Réécris les verbes au passé composé.

1. il entreprit : il ....
2. elle répondit : elle ....
3. j'écrivis : j'..
4. ils fuirent : ils ....
5. elle attendit : elle ....
6. tu compris : tu ....

★★ 3 TOP CHRONO En moins de deux minutes, écris au masculin singulier les participes passés des verbes. Utilise la Méthode.

- surprendre : ....
- croire : ....
- couvrir : ....
- résoudre : ....
- entendre : ....
- rejoindre : ....
- réussir : ....
- mentir : ....
- élire : ....
- défaire : ....
- cueillir : ....
- connaître : ....

Pour aller plus loin — Indicatif ou participe passé ?

- Certaines formes se prononcent de la même manière à l'**indicatif** et au **participe passé**.
- Pour savoir si un verbe est à l'indicatif ou au participe passé, il faut essayer de le mettre au futur :
  – si c'est possible, le verbe est à l'**indicatif** ; *Je **pâlis** (pâlirai) à sa vue.*
  – si ce n'est pas possible, c'est un **participe passé**. *J'ai **pâli** (~~pâlirai~~) à sa vue.*

4 ORAL À DEUX **a. Surlignez ensemble les cinq verbes du 2e groupe. b. À tour de rôle, demandez à votre camarade de conjuguer un verbe de la liste à la 1re personne du pluriel au passé simple, puis au passé composé en épelant les terminaisons.**

conduire • battre • accomplir • applaudir • maintenir • accourir • interrompre • bâtir • confondre • boire • prévenir • reconstruire • étendre • desservir • vendre • ralentir • plaindre • perdre • faiblir

5 **a. Complète les terminaisons avec *-i*, *-is* ou *-it*. b. Réécris au passé composé les verbes qui sont au passé simple et réécris au passé simple les verbes qui sont au passé composé.**

1. Il a sais........ l'occasion. → Il .... l'occasion.
2. Elle pr........ son vélo. → Elle .... son vélo.
3. J'ai franch........ la ligne. → Je .... la ligne.
4. Tu d........ la vérité. → Tu .... la vérité.
5. Tu as serv........ le dîner. → Tu .... le dîner.
6. J'écriv........ un poème. → J'..................... un poème.

6 **a. Complète avec les terminaisons *-u*, *-us* ou *-ut*. b. Souligne les participes passés.**

1. J'ai v........ un fantôme. 2. As-tu l........ ce roman d'amour ? 3. Le chat voul........ bondir mais la souris avait déjà dispar........ . 4. Qui aurait cr........ une histoire pareille ? 5. Quand Thomas a s........ qu'il serait reç........ à l'Élysée, il a voul........ inviter tous ses amis. 6. Tu me par........ contrarié. 7. L'orateur concl........ son discours.

7 **a. Surligne les participes passés. b. Barre et corrige ceux qui sont mal orthographiés.**
c. ORAL **Justifie tes corrections.**

Lucas prit place devant la classe et dit : « Victor Hugo a vécu au XIXe siècle. Il a écrit des romans, mais aussi des poèmes et des pièces de théâtre. » Lucas aperçut une araignée et perdit le fil de son exposé. Il saisit sa feuille et poursuivit : « Il a prit position contre Napoléon III et a connut l'exil. Il a choisis de rester loin de la France tant que l'empereur serait au pouvoir. Dans ses œuvres comme devant l'Assemblée nationale, il a combattu la misère. »

Corrections : ....

8 DICTÉE PRÉPARÉE **a. Souligne les participes passés. b.** ORAL **Explique leur terminaison.**
c. Recopie plusieurs fois les mots que tu ne connais pas pour les mémoriser.

Engourdi par le froid, Étienne avait parcouru la plaine des heures durant. Il avait souffert de la bise qui cinglait et de la faim qui avait pris possession de son corps et de son esprit. Il avait perdu son travail et, conduit par un instinct de survie, il avait entrepris de rejoindre les grands centres miniers du Nord. Soudain, il aperçut au loin des lumières qui brillaient dans le ciel mort et il reconnut la mine. Il reprit courage. Il avait enfin atteint sa destination et l'espoir était à nouveau permis.

Quelle famille !

- **Dans le cadre d'un séjour linguistique, tu es reçu(e) par une famille très accueillante mais au mode de vie différent de la tienne. Imagine et raconte au passé composé votre première rencontre. Écris a. ★ huit, b. ★★ dix, c. ★★★ douze phrases.**
- **Emploie le maximum de verbes des 2e et 3e groupes, et souligne les participes passés.**

J'apprends à...
bien orthographier les verbes.

24 Le conditionnel

J'observe

a. Barre et corrige les deux verbes en gras incorrects. b. ORAL Explique tes corrections.

1. Si tu étais d'accord, nous **irons** au cinéma. 2. Si tu le voulais, je te **prêtais** mon casque.
3. Si tu le savais, tu me le **dirais**.

....

Je mémorise l'essentiel

- Le **présent du conditionnel** est un **temps simple**. Les terminaisons sont les mêmes pour tous les verbes : *-rais*, *-rais*, *-rait*, *-rions*, *-riez*, *-raient*.
  *je joue**rais**, tu joue**rais**, il joue**rait**, nous joue**rions**, vous joue**riez**, ils joue**raient***
- Le **passé du conditionnel** est un **temps composé**. Il est formé de l'**auxiliaire** *avoir* ou *être* **conjugué au conditionnel présent** et du **participe passé** du verbe.
  *Si cela avait été possible, j'**aurais dansé** à l'opéra. Si cela avait été possible,* ....

Méthode pour bien orthographier un verbe au conditionnel présent

1. Pour trouver la bonne forme, invente une phrase commençant par ***Si c'était possible…***
2. Pour trouver la bonne terminaison, repère le **sujet**.
   *Si c'était possible, **je danserais** à l'opéra. Si c'était possible,* ....

Je m'entraîne

1 ★ **Souligne les verbes au conditionnel présent et surligne les verbes au conditionnel passé.**

1. Tom n'est pas rentré ; nous aurions entendu sonner. 2. Je voudrais cinq poires. 3. Inès t'aurait donné la terre entière pour te consoler ! 4. Je ne lui ai pas dit que tu serais là. 5. Nous aurions voulu visiter l'Andalousie. 6. Si nous avions compris ton message, nous ne demanderions pas une explication ! 7. Il faudrait prendre le bus 12 à midi. 8. Au cas où vous ne le sauriez pas, les jumeaux auront deux ans demain. 9. Si elles avaient leur baguette, les fées te transformeraient en courgette. 10. Aurais-tu emprunté mon casque de vélo ?

2 ★★ **a. Surligne l'intrus dans chaque série. b. ORAL Justifie tes réponses.**

1. il déciderait • je verrais • nous lirions • il pourrait • tu rirais • ils partiraient • nous dirions • je saurai
2. j'aurais pu • tu aurais menti • il serait arrivé • nous aurons achevé • vous seriez tombés • ils auraient prévu

3 ★★ **a. Complète les phrases suivantes en imaginant la suite. b. ORAL Précise le mode et le temps du verbe ajouté, puis épelle sa terminaison.**

1. Si j'avais deux têtes, ...
2. Si tu bois cette potion magique, ...
3. Si nous avions couru, ...
4. Si j'avais relu mon texte, ...

4 DÉFI ORAL À DEUX **Chacun(e) choisit une liste et demande à son/sa camarade de conjuguer chaque groupe verbal de cette liste au présent et au passé du conditionnel.**

1. écrire une lettre • arroser le jardin • finir sa soupe • aller au cinéma • lire un journal

2. lessiver la cuisine • battre les cartes • faire son lit • arriver à l'heure • tricoter un bonnet

5 **a. Barre la forme incorrecte dans les parenthèses. b.** ORAL **Justifie tes corrections**

1. Si tu me marchais sur les pieds, je (*crierais / crirais*) très fort. 2. Ce bébé ne (*finirait / finierait*) pas son biberon s'il était malade. 3. Ma mère ne (*vérifirait / vérifierait*) pas mes exercices si elle me faisait confiance. 4. Si j'étais toi, je n'(*appuyerais / appuierais*) pas sur ce bouton. 5. À votre place, je ne (*conclurais / concluerais*) pas ainsi mon devoir. 6. Je (*multiplirais / multiplierais*) de tête 172 par 27 si je connaissais la table de 27 !

6 TOP CHRONO **Mets ces verbes au présent et au passé du conditionnel en moins de deux minutes.**

je (*faire*) : .... • tu (*copier*) : ....

il (*employer*) : .... • vous (*créer*) : ....

nous (*venir*) : .... • je (*avouer*) : ....

ils (*croire*) : .... • ils (*broyer*) : ....

Pour aller plus loin — Les valeurs du conditionnel

• On emploie le **conditionnel** pour :
– présenter un **fait soumis à une condition** ou une **hypothèse** ;
*Si je gagnais ce match, je **deviendrais** championne de France. Le coupable **serait entré** par la fenêtre.*
– **atténuer** une **demande**, un **ordre**. *Je ~~veux~~ **voudrais** deux pains au chocolat.*

Attention : le conditionnel peut aussi être utilisé comme un temps dans un récit au passé. (→ Fiche 54)
*Léon répondit qu'il **viendrait** mais qu'il **aurait préféré** rester dormir.*

7 **a. Complète les phrases suivantes en employant des verbes au conditionnel.**
b. ORAL **Indique la valeur du conditionnel (présent ou passé) que tu as employée.**

1. Si tu lisais attentivement la consigne, ... 2. .... que tu fasses ton lit. 3. Je n'avais jamais affirmé .... 4. Si nous n'avions pas oublié d'arroser cette plante, ... 5. Si j'avais été toi, ... 6. Roméo promit à Juliette ....

8 DICTÉE PRÉPARÉE **a. Surligne les verbes au conditionnel. b. Recopie plusieurs fois les mots que tu ne connais pas pour les mémoriser.**

– Que pourrions-nous faire ? demanda Forestier. Il paraît qu'à la campagne il aurait été impossible de s'occuper. Il devrait y avoir ici un jardin d'été, ouvert la nuit, où on entendrait de la très bonne musique, où on boirait des choses fraîches sous les arbres. Ce serait un lieu de flânerie ; et on payerait cher pour entrer. On pourrait marcher dans des allées éclairées, et on s'assiérait quand on voudrait. Il nous aurait fallu un très beau jardin, très vaste. Où voudrais-tu aller ?

– Je ferais volontiers un tour aux Folies Bergère, répondit Duroy.

D'après **Guy de Maupassant**, *Bel-Ami*, 1885.

Joyeux anniversaire !

• **Imagine et décris un bâtiment exceptionnel où tu pourrais fêter ton anniversaire avec tes amis. Tu emploieras au moins a. ★ dix, b. ★★ douze, c. ★★★ quinze verbes au présent ou au passé du conditionnel.**

J'apprends à...
bien orthographier les verbes.

25 Le présent et le passé du subjonctif

J'observe

a. Surligne les différences entre les deux phrases suivantes. b. À quel mode les verbes en gras sont-ils conjugués ?

1. Tu sais bien que le chien **a** une puce électronique et qu'on l'**a vacciné** pour ce voyage.
2. Il faut que le chien **ait** une puce électronique et qu'on l'**ait vacciné** pour ce voyage.

....

Je mémorise l'essentiel

- Les **terminaisons** du **présent du subjonctif** sont les mêmes pour tous les verbes (sauf *avoir* et *être)* : *-e*, *-es*, *-e*, *-ions*, *-iez*, *-ient*.
- Il faut mémoriser la conjugaison des verbes ***avoir*** et ***être*** au présent du subjonctif.

avoir	que j'aie	que tu aies	qu'il ait	que nous ayons	que vous ayez	qu'elles aient
être	que je sois	que tu sois	qu'il soit	que nous soyons	que vous soyez	qu'elles soient

- Le **subjonctif passé** est un temps composé formé de l'**auxiliaire *être*** ou ***avoir* au subjonctif présent et du participe passé** du verbe.
*que **j'aie lu**, que **tu aies lu**, qu'**elle ait lu**… que **je sois venu(e)**, que **tu sois venu(e)**, qu'**elle soit venu(e)**…*

Méthode pour bien orthographier un verbe au présent du subjonctif

1. Pour trouver la bonne forme, invente une phrase commençant par ***Il faut que…***
2. Pour écrire la bonne terminaison, repère le **sujet**.
*Il faut que **je** sache, que **tu** saches, qu'**elle** sache, que **nous** sachions, que **vous** sachiez, qu'**ils** sachent*

Je m'entraîne

★ 1 Surligne les verbes en gras qui sont au subjonctif.

1. J'aimerais que tu **viennes** à mon anniversaire. 2. Mes parents ont appris que Léa **avait fait** une bêtise. 3. Luc apprécie que nous lui **fassions** confiance. 4. Le chat a joué avec la pelote que Tom lui **a donnée**. 5. Il faut que vous **ayez fini** avant demain. 6. Marthe n'a pas voulu que sa fille **aille** à l'étranger. 7. Je sais que tu **as** raison. 8. **Tonds** la pelouse avant qu'il ne **pleuve**. 9. Bien que Ryan **ait** le vertige, il fait de l'escalade.

★★ 2 Complète le tableau suivant.

Verbe	Présent du subjonctif	Passé du subjonctif
donner	que je	que j'....................................
grandir	que nous	que nous ....
venir	qu'elle	qu'elle ....
savoir	que vous	que vous ....
tomber	qu'ils	qu'ils ....

★★ 3 ORAL À DEUX Choisissez à tour de rôle, dans chacune des listes, un des groupes verbaux proposés et demandez à votre voisin(e) de le conjuguer à toutes les personnes du présent du subjonctif, en épelant les terminaisons. Commencez par *Il faudrait que…*

1. être moins timide • avoir plus de temps • participer à un concours de chansons
2. connaître la table de 8 • savoir parler chinois • faire du yoga

4 **a. Parmi les verbes en gras surligne ceux au subjonctif et souligne ceux à l'indicatif. b. ORAL Qu'observes-tu ?**

1. Mon père voudrait que j'**aie** de meilleures notes. Cette année, j'**ai** de meilleures notes. 2. Il faudrait que tu **prévoies** un duvet. **Prévois**-tu un duvet ? 3. Il est nécessaire qu'il **coure** plus vite pour gagner. Il **court** plus vite pour gagner. 4. J'ordonne que vous vous **asseyiez** à l'arrière de la voiture. Vous vous **asseyez** à l'arrière de la voiture.

Pour aller plus loin — Les valeurs du subjonctif

- On rencontre principalement le **mode subjonctif** dans les **subordonnées.**
- Le **subjonctif** est le mode de l'**incertitude**, à la différence de l'indicatif, qui est le mode du réel.
- Le **subjonctif** sert donc principalement à **exprimer** une volonté, un désir, une crainte ou un doute.
  *Il **vient**.* (indicatif) // *Qu'il **vienne** !* (subjonctif)
  *Je sais qu'il **est venu**.* (indicatif) // *Je doute qu'il **soit venu**.* (subjonctif)

5 **Indique ce qu'exprime le mode subjonctif dans les phrases suivantes.**

1. Que chacun **sorte** une copie double ! (........................) 2. Je ne suis pas certaine qu'il **ait compris** la leçon. (........................) 3. Le chat aimerait que sa maîtresse lui **frotte** le ventre. (........................) 4. Il faut qu'il **soit** présent à cette réunion. (........................) 5. Je crains que nous n'**arrivions** pas à l'heure. (........................)

6 **Complète chacune des phrases suivantes avec le groupe verbal de ton choix.**

1. Le jardinier craint que les fleurs du parc ....
2. Le professeur n'est pas certain que tous les élèves ....
3. Sim n'est pas du tout fatigué bien qu'il ....
4. Nous aimerions que l'allergie de notre chien ....

7 **Conjugue les verbes à l'indicatif ou au subjonctif.**

1. Ma grand-mère veut que je (*venir*) .... la voir. 2. Il faudrait que vous (*étudier*) .... la question. 3. J'estime que ce choix (*être*) .... le meilleur. 4. Jasmine doute que vous (*comprendre*) .... la situation. 5. Il est évident que ce petit garçon ne (*dire*) .... pas la vérité. 6. Je ne comprends pas qu'elles (*pouvoir*) .... nier les faits. 7. J'aimerais vraiment que tu me (*croire*) .... 8. Je crains que tu n' (*avoir*) .... plus le choix. 9. Je voudrais que tous les malades (*être*) .... guéris !

8 **Barre et corrige les six verbes au subjonctif mal orthographiés.**

Ma chère aimée,
Je m'étonne que les jours soyent si nombreux sans un mot ni une visite de ta part. J'aimerais tant que mon cœur aie de tes nouvelles et que tu me dises que tu m'aimes toujours ! Je voudrais que tes douces paroles me rassures. Je crains tellement que cette séparation ne nous fassent du mal. Il faut que tu me rends visite et que nous retrouvons notre complicité de jadis. Que vienne ce moment et je serai le plus heureux des hommes !

Aran

Corrections : ....

Hypnose !

- **Après avoir regardé une vidéo sur l'hypnose, Anna décide de tester ses capacités hypnotiques sur son petit frère. Rédige son discours de a. ★ six phrases, b. ★★ neuf phrases, c. ★★★ douze phrases qui commenceront toutes par *Je veux que tu…* ou *Il faut que tu…***
- **Souligne tous les verbes au subjonctif.**

J'apprends à…
bien orthographier les verbes.

26 Le présent de l'impératif

J'observe

a. Souligne les verbes à l'impératif. b. Barre et corrige les deux verbes mal orthographiés.

Tu notes bien cet itinéraire. Prend cette rue, continue tout droit pendant cent mètres, puis tournes à droite au carrefour.

....

Je mémorise l'essentiel

- L'**impératif** ne se conjugue qu'à **trois personnes** et **sans pronom sujet**.

1er groupe	***trouver :*** **trouve, trouvons, trouvez**
2e groupe	***choisir :*** **choisis, choisissons, choisissez**
3e groupe	***venir :*** **viens, venons, venez**

- **Attention** à quelques **verbes particuliers**. Il faut les mémoriser :

avoir : ***aie, ayons, ayez***	***savoir :*** ***sache, sachons, sachez***
être : ***sois, soyons, soyez***	***aller :*** ***va, allons, allez***

- **Attention :** la liaison avec les pronoms ***en*** et ***y*** peut modifier la terminaison du verbe à l'impératif. *Manges-en. Vas-y.*

Méthode pour bien orthographier un verbe au présent de l'impératif

1. Pour trouver la bonne forme, invente une phrase commençant par ***Obéis/-ssez /-ssons et…***
2. Reprends le verbe au **présent de l'indicatif**.
3. Supprime le ***-s*** quand le verbe à l'indicatif se termine par ***-es*** (verbes du 1er groupe et quelques verbes du 3e groupe). *Tu trouves* (indicatif) → *Trouve* (impératif)

Je m'entraîne

★ 1 Surligne les verbes au présent de l'impératif. Utilise la Méthode.

1. Tu devrais mettre une écharpe. **2.** Viens avec moi. **3.** Faire l'exercice 2 p. 56 pour demain. **4.** Passons par ce raccourci. **5.** Vous prendrez des notes. **6.** Vas-y doucement. **7.** Soulignez les verbes en vert. **8.** Me faites-vous confiance ? **9.** Vous, suivez-moi ! **10.** Sois plus dynamique. **11.** Viens-tu ? **12.** Passe à l'exercice suivant.

★★ 2 Barre la forme incorrecte.

1. Préparons / Préparont-lui une surprise. **2.** Offre / Offres des fleurs. **3.** Va-en / Va-t'en quand tu veux. **4.** Prend / Prends ton temps. **5.** Parlé / Parlez moins fort. **6.** Continue / Continues sur cette voie. **7.** Dégustes-en / Déguste-en une bouchée. **8.** Criions / Crions tous ensemble ! **9.** Aie / Aies toujours tes clés sur toi. **10.** Savez / Sachez vos tables de multiplication pour demain. **11.** Va / Vas faire tes devoirs. **12.** Cours / Coure à la boulangerie et rapporte / rapportes-nous une brioche.

★★ 3 ORAL À DEUX Chacun(e) choisit une liste et demande à son/sa voisin(e) de conjuguer les groupes verbaux aux trois personnes de l'impératif, en épelant les terminaisons.

1. éplucher les pommes de terre • ne pas bondir sur le dos d'un éléphant • courir le moins vite possible

2. balayer la cour du collège • atterrir sur la Lune • ne pas prendre les gens pour des imbéciles

4 Mets les verbes au présent de l'impératif à la personne demandée : 2e personne du singulier (2PS), 1re personne du pluriel (1PP), 2e personne du pluriel (2PP).

1. (*Être, 2PP*) .... à l'heure demain. 2. (*Partir, 1PP*) .... à l'aventure ! 3. (*Savoir, 2PS*) .... que je te surveille. 4. (*Faire, 2PP*) .... cet exercice. 5. (*Venir, 2PS*) .... avec nous. 6. (*Réparer, 2PS*) .... tes bêtises. 7. (*Avoir, 1PP*) .... du courage. 8. (*Dire, 2PP*) Ne .... rien. 9. (*Ouvrir, 2PS*) .... la fenêtre. 10. (*Oublier, 2PS*) N'............................ pas de me faire un cadeau !

5 Barre et corrige les huit verbes à l'impératif mal orthographiés.

Ma recette du gâteau au chocolat : prend 4 œufs et casses-les dans un saladier. Mélange vigoureusement. Ajoute-y la farine et une cuillerée de cannelle. Verses-en davantage si tu aimes cette épice. Fait fondre le chocolat, rajoutes le sucre et met le tout à cuire. N'oublies pas de l'enlever du four, démoule et dégustes sans modération !

Corrections : ....

Pour aller plus loin — Les valeurs de l'impératif

- **L'impératif** est un **mode** qui sert principalement à donner un **ordre**, une **interdiction** ou un **conseil**.
  Montre-moi immédiatement ton exercice ! (ordre)
  Arrête d'embêter ta sœur ! (interdiction) *Ne partez pas trop tard !* (conseil)

6 Pour chacune des propositions, précise s'il s'agit d'un ordre, d'une interdiction ou d'un conseil.

1. Prends soin de toi. (............................) 2. Ne prends plus jamais mon pull ! (............................) 3. Ouvre les fenêtres. (............................) 4. Mettez donc une écharpe. (............................) 5. Vérifie que tu as bien fait tous tes devoirs. (............................) 6. Arrête de mettre tes pieds sur la table. (............................) 7. Rangez votre chambre ! (............................) 8. Cessez de vous plaindre. (............................)

7 DÉFI ORAL À DEUX — TOP CHRONO **Chacun(e) a une minute pour communiquer à son/sa voisin(e) ses conseils pour passer un bon moment de détente. Celui/Celle qui a intégré le plus de verbes à l'impératif a gagné.**

8 **a.** Réécris les phrases en mettant les verbes à l'impératif sur le modèle donné.
b. ORAL Précise, pour chaque phrase, s'il s'agit d'un ordre, d'une interdiction ou d'un conseil.

Je veux que tu viennes demain. → Viens demain.

1. Je vous interdis de marcher sur la pelouse. → ....
2. Je te conseille de prendre ton mal en patience. → ....
3. Il serait préférable que tu partes demain à l'aube. → ....
4. Il faut que nous fassions notre lit. → ....
5. Tu devrais préparer une bonne compote et en manger une assiettée. → ....
....
6. Tu dois cesser d'embêter les autres. → ....
7. Je ne veux pas que tu entres dans ma chambre. → ....

Pour une société plus juste !

- **Trouve plusieurs idées pour une société plus juste. Dresse une liste sous la forme de a. ★ six phrases, b. ★★ neuf phrases, c. ★★★ douze phrases à l'impératif présent.**
- **Tu intégreras au moins deux ordres, deux interdictions et deux conseils.**

27 Choisir la bonne terminaison : *-ais* ou *-ai*

J'apprends à... reconnaître le temps du verbe pour l'orthographier correctement.

J'observe

a. Indique le temps des verbes en gras et réécris la phrase à la 1re personne. b. ORAL Que remarques-tu ?

D'habitude, il **somnolait** (........................) sur ses devoirs mais ce soir-là, il **travailla** (............................) avec énergie.

....

Je mémorise l'essentiel

- Les verbes du 1er groupe et le verbe *aller* se prononcent de la même façon à la 1re personne de l'**imparfait** et du **passé simple**.

Méthode pour distinguer imparfait (*-ais*) et passé simple (*-ai*)

Mets le verbe à la **3e personne** (*il*) pour entendre la différence et identifier le temps.

*Tu dormais alors que je **réparais** ton vélo (il **réparait** :* ***imparfait****) !*

*Je réparai (il **répara** :* ***passé simple****) mon vélo et repris la route.*

Je m'entraîne

★★ 1 Complète la terminaison des verbes avec *-ais* ou *-ai*. Utilise la Méthode.

1. Habituellement, je me couch........... à 21 h mais ce lundi-là, je me couch........... à minuit. **2.** Je pris un feutre et dessin........... un lapin. Je le dessin........... quand un chasseur apparut. **3.** Je pass........... la tondeuse dans le jardin lorsqu'un cri retentit. Je m'arrêt........... net et me précipit........... dans la maison. **4.** À huit ans, j'all........... déjà à l'école tout seul. **5.** Comme convenu, j'allum........... et éteignis ma lampe deux fois. **6.** Enfant, je voyage........... beaucoup puis je découvris ce village où je m'install........... définitivement.

★★ 2 Barre et corrige les quatre verbes mal orthographiés dans ce passage adapté du *Horla*.

Je me promenais quand je fus attiré par un de mes rosiers. Comme je le regardai, je remarquai une tige pliée ; elle se cassa et la fleur s'éleva. Alors je me jetais sur elle ! Mais elle avait disparu. Je me retournai et retrouvais la tige sur l'arbuste. Il me sembla que je commençai à devenir fou.

Corrections : ....

★★★ 3 DICTÉE PRÉPARÉE a. Surligne les verbes au passé simple et souligne ceux à l'imparfait.
b. Recopie plusieurs fois les mots que tu ne connais pas pour les mémoriser.

Je me rasais quand une main se posa sur mon épaule. Je fis volte-face et me coupai légèrement. C'était le comte et je me demandais comment il avait pu entrer. Je me retournai vers la glace et sursautai : Dracula n'avait pas de reflet ! Voyant une goutte de sang sur mon visage, il me saisit à la gorge. Je reculai et il heurta le crucifix que je portais toujours sur moi. Sa rage disparut aussitôt et je me demandai si je ne rêvais pas.

D'après **Bram Stoker**, *Dracula*, 1897.

Dracula !

- **Raconte ta rencontre avec un vampire. Emploie a. ★ huit, b. ★★ dix, c. ★★★ douze verbes en *-er* à la 1re personne du singulier en variant les temps (imparfait et passé simple).**

28 Choisir la bonne terminaison : *-rai* ou *-rais*

J'apprends à...
reconnaître le temps du verbe pour l'orthographier correctement.

J'observe

a. Indique le temps des verbes en gras et réécris la phrase à la 1re personne. b. ORAL Que remarques-tu ?

Léa **aimera** (........................) sûrement ce film. Elle ne l'**aimerait** (......................................) pas s'il se finissait mal.

....

Je mémorise l'essentiel

- Les verbes se prononcent de la même façon à la 1re personne du **futur** et du **conditionnel présent**.

Méthode pour distinguer futur (*-rai*) et conditionnel présent (*-rais*)

Mets le verbe à la **3e personne** (*il*) pour entendre la différence et identifier le temps.
Plus tard, je ***piloterai*** *(il* ***pilotera*** *:* futur*) un avion de ligne !*
Si c'était permis, je ***piloterais*** *(il* ***piloterait*** *:* conditionnel présent*) cet avion dès aujourd'hui !*

Je m'entraîne

1 Complète les verbes avec *-rai* ou *-rais*. Utilise la Méthode.

1. Quand je trouve........... le trésor, je pense........... à toi. 2. Je voud........... tant jouer de la harpe ! 3. Si j'avais un bateau, je pour........... quitter l'île et je regagne........... l'Angleterre. 4. Demain, je termine........... cet exercice. 5. Si j'étais courageux, j'apprend........... aussi ma leçon d'histoire. 6. L'an prochain, je visite........... le Mexique. J'aimer........... tellement que tu viennes avec moi ! 7. Si je le pouvais, je fe........... le tour du monde. 8. Jules m'avait dit que j'au........... le droit de visiter le sous-marin.

2 Barre et corrige les quatre verbes mal orthographiés.

Je repeindrai le salon quand j'aurais un peu de temps. Je vous appellerai en renfort et je serai content de votre aide. Mais si vous n'êtes pas libres, je ne vous en voudrais pas.
J'ai bien dit que je choisirai la couleur moi-même et que je prendrai du vert ou du mauve.

Corrections : ....

3 DICTÉE PRÉPARÉE a. Surligne les verbes au futur et souligne ceux au présent du conditionnel.
b. Recopie plusieurs fois les mots que tu ne connais pas pour les mémoriser.

Si j'avais une baguette magique, je la planterais comme un arbre et je lui demanderais de sauver les forêts. Je la confierais au cours de la rivière et lui ordonnerais de purifier les eaux douces et salées. Je l'emporterais tout en haut de la tour la plus élevée du monde et je lui dirais de faire pousser un jasmin parfumé sur tout ce béton. Mais je n'ai pas de baguette et c'est à la main que je ramasserai demain les déchets sur la plage. Dites-moi que je ne serai pas seul !

Mieux vivre au collège !

- **Lors d'une réunion, tu dois présenter tes propositions pour améliorer la vie du collège. Tu emploieras :**

a. ★ cinq verbes terminés par *-rai* et trois verbes terminés par *-rais* ;
b. ★★ sept verbes terminés par *-rai* et quatre verbes terminés par *-rais* ;
c. ★★★ dix verbes terminés par *-rai* et cinq verbes terminés par *-rais*.

29 La voix passive

J'apprends à...
construire et reconnaître un verbe à la voix passive.

J'observe

a. **Souligne les formes verbales.** **b.** **Indique entre parenthèses combien de mots comporte chacune d'elles.**

La caméra vous filme. (................................) • Vous êtes filmés par la caméra. (................................)

c. **Quel est l'auxiliaire employé dans la 2e phrase ?** ....

d. **Ces deux phrases ont-elles le même sens ?** oui ☐ non ☐

Je mémorise l'essentiel

- Dans une **phrase à la forme passive** (→ fiche 34), le sujet subit l'action et le verbe est conjugué à la **voix passive** : il est formé de l'**auxiliaire *être*** et du **participe passé** du verbe.
  *manger : Le loup **mange** (voix active) l'agneau. L'agneau **est mangé** (voix passive) par le loup.*
- Il ne faut pas confondre les verbes conjugués à la **voix passive** et les verbes qui, conjugués à la **voix active**, utilisent l'**auxiliaire *être*** pour former leurs **temps composés**.
  *Elle **est félicitée** : féliciter* est au présent de l'indicatif à la voix **passive**.
  *Elle **est arrivée** : arriver* est au passé composé de l'indicatif à la voix **active**.

Méthode pour identifier le mode et le temps d'un verbe à la voix passive

1. Vérifie que la phrase est à la forme passive : **le sujet subit l'action**.
2. Regarde à quel mode et à quel temps est conjugué l'auxiliaire *être*.
*Tu **seras pris** : seras* est au futur → *sera pris* est un futur passif.
*Il **a été sauvé** : a été* est au passé composé → *a été sauvé* est un passé composé passif.

Je m'entraîne

★ **1** **Surligne les verbes conjugués à la voix passive.**

il a lavé • je serai suivi • vous aurez compris • nous avions disparu • nous étions retenus • elles sont construites • j'ai rêvé • nous aurons deviné • elle sera découverte • tu es espionné • vous étiez accompagnés • ils avaient souri • il a été proclamé • sois remercié • j'avais couru • nous avons donné • il fut entendu

★ **2** **Surligne les verbes conjugués à la voix passive.**

1. Il est sorti par la fenêtre. **2.** Il est élu par le peuple. **3.** Nous étions arrivés par le train. **4.** Nous étions trempés. **5.** Ils seront surpris par notre réponse. **6.** Ils seront partis avant nous. **7.** Elle serait tombée de haut. **8.** Elle serait suivie de ses amis. **9.** Vous seriez pris en charge. **10.** Vous seriez déjà morts !

★ **3** **a.** **Mets ces verbes à la voix passive en suivant le modèle.** **b.** ORAL **À quel mode et quel temps as-tu conjugué les verbes à la voix passive ? Utilise la Méthode.**

attendre : je suis attendu(e)

1. applaudir : tu .... **2.** ranger : il .... **3.** rédiger : elle ....
4. écouter : nous .... **5.** avertir : vous .... **6.** réussir : ils ....
7. coller : elles .... **8.** gonfler : il .... **9.** flatter : tu ....

4 ★★ **Donne le temps et le mode de chaque verbe. Utilise la Méthode.**

1. il est réparé : ……………………
2. nous avons été conduits : ……………………
3. sois entendu : ……………………
4. elle avait été habitée : ……………………
5. ils seront déplacés : ……………………
6. que vous soyez guidés : ……………………
7. Il serait félicité : ……………………
8. elles étaient battues : ……………………

5 ★★ TOP CHRONO **Conjugue, en moins de deux minutes, chacun des verbes à la voix passive au mode et au temps demandés.**

1. arrêter (*futur de l'indicatif*)	elle ……………………
2. déplier (*imparfait de l'indicatif*)	ils ……………………
3. encourager (*présent de l'indicatif*)	je ……………………
4. nommer (*passé simple de l'indicatif*)	il ……………………
5. trahir (*passé composé de l'indicatif*)	nous ……………………
6. connaître (*présent de l'indicatif*)	elles ……………………
7. prendre (*présent du conditionnel*)	tu ……………………
8. recevoir (*futur de l'indicatif*)	il ……………………

6 ★★ **Réécris chaque phrase en mettant le verbe à la voix passive sans changer le temps.**

1. La mer roule les galets. → ……………………
2. Le public a applaudi les choristes. → ……………………
3. On restaurera ces mosaïques. → ……………………
4. On a abandonné ces chatons ! → ……………………

7 ★★★ **Écris à la voix passive les verbes qui sont à la voix active et inversement.**
Attention : garde le même temps et le même mode.

1. nous sommes consolés : nous …………………… 2. ils formeront : ils …………………… 3. tu avais été porté : tu …………………… 4. elle garda : elle …………………… 5. vous avez été gênés : vous …………………… 6. j'aurais reconnu : j'…………………… 7. elles étaient traduites : elles …………………… 8. il espionnerait : il …………………… 9. ils écoutèrent : ils …………………… 10. vous êtes éblouis : vous …………………… 11. qu'ils encouragent : qu'ils …………………… 12. admire : sois ……………………

8 ★★★ DICTÉE PRÉPARÉE **a. Surligne les verbes à la voix passive. b. Souligne le sujet de chacun de ces verbes. c. Recopie plusieurs fois les mots que tu ne connais pas pour les mémoriser.**

Une terrible tempête s'est abattue sur la région. Les paillotes de la plage ont été submergées par les vagues. Plusieurs arbres ont été déracinés par le vent et de nombreux toits ont été emportés. Certaines maisons ont même été détruites. La rivière est sortie de son lit et les rues ont été inondées. Le pont ne s'est pas écroulé, mais ses piliers ont été fragilisés. Quelques rues sont désormais interdites à la circulation. Toutes les écoles seront fermées et les transports en commun seront suspendus pour un temps, aujourd'hui, indéterminé. Heureusement, personne n'a été blessé.

Un paysage extraordinaire !

- **Invente un paysage extraordinaire et décris-le. Écris :**

a. ★ huit phrases en utilisant au moins quatre verbes à la voix passive ;
b. ★★ dix phrases en utilisant au moins cinq verbes à la voix passive ;
c. ★★★ douze phrases en utilisant au moins six verbes à la voix passive.

- **Tu peux utiliser des verbes de la liste.**

entourer • *traverser* • *recouvrir* • *longer* • *suivre* • *éclairer* • *obscurcir* • *adoucir* • *bercer* • *rafraîchir*

Je récapitule

30 Le verbe

J'applique ce que j'ai appris pour…
reconnaître tous les modes et les temps étudiés.

J'identifie les modes et les temps

★ **1** TOP CHRONO **a. En une minute, surligne les verbes au passé simple, souligne ceux à l'imparfait et entoure ceux au futur. b.** ORAL **Indique à quel temps de l'indicatif sont les autres verbes.**

je proposais • il naquit • elles décidèrent • vous entendez • tu diras • nous habitions • je rangeai • vous aviez • ils rirent • vous oubliez • je serai • j'appuie • ils écrivirent • nous pourrons • vous verrez • elle imaginait • vous dites • ils feront • nous voyions • tu promets • on aperçut • je trébuchai

★ **2** **Indique le temps des verbes en précisant entre parenthèses le temps de l'auxiliaire.**

1. on avait entrepris : ……………………………………………
2. tu as soupiré : ……………………………………………
3. vous aurez compté : ……………………………………………
4. ils eurent entendu : ……………………………………………

★★ **3** **a. Surligne l'intrus dans chaque série. b.** ORAL **Justifie ta réponse.**

1. je lavais • je séchais • je pliai • je rangeais
2. il crut • il remue • il courut • il voulut
3. je verrai • je boirais • j'irai • je rirai
4. il a su • il était rangé • il est allé • il a reçu
5. nous crions • nous dormions • nous lisions
6. je finis • je dis • je pris • je saisis

★★ **4** **Relève les six verbes dans le texte, et précise le mode et le temps de chacun d'eux.**

Lucien se retrouva sur les boulevards, regardant les passants, presque décidé à abandonner. Mais il ne fallait pas qu'il perde la partie.

Verbes	Modes	Temps
……………………	……………………	……………………
……………………	……………………	……………………
……………………	……………………	……………………
……………………	……………………	……………………
……………………	……………………	……………………
……………………	……………………	……………………

★★ **5** **a. Souligne les verbes à l'indicatif, surligne ceux au subjonctif et entoure ceux au conditionnel.**
b. ORAL **Précise le temps de chaque verbe.**

il entendra • il vienne • il avait pris • il envisagerait • il aura • il saisit • il dise • il serait venu • il eut rangé • il soit • il conclut • il revient • il aura fait • il ait • il verrait • il a joué • il conclue

★★★ **6** **a. Surligne les verbes à la voix passive. b.** ORAL **Indique le mode et le temps de chaque verbe.**

1. Il avait lu ce roman. 2. Il serait félicité. 3. Il veut que nous l'aidions. 4. Il fut applaudi par la foule. 5. Il aurait été d'accord avec nous. 6. Qu'ils viennent nous voir ! 7. Il est connu de tous. 8. Il avait été surpris par la pluie. 9. Il croyait que nous l'aiderions. 10. Bien que la chaussée ait été salée, elle reste glissante.

★★★ **7** **a. Surligne l'intrus dans chaque série. b. Justifie ta réponse. c.** ORAL **Indique le temps de chaque verbe.**

1. il est entré • il est récompensé • il est construit • il est accompagné • il est suivi • il est admiré

……………………………………………

2. tu étais arrivé • tu étais tombé • tu étais revenu • tu étais surveillé • tu étais parti • tu étais allé

……………………………………………

Je conjugue correctement les modes et les temps étudiés

8 **a. Réécris les verbes aux personnes demandées. b. ORAL Précise leur temps.**

elle a écrit : j'................................ • ils oublient : on .... • il repartit : je .... •
ils pâlissent : il .... • tu auras compris : elle .... • tu paries : elle .... •
il eut accompli : ils .... • ils avaient surpris : tu ....

9 **TOP CHRONO En moins de deux minutes, complète les verbes au présent de l'indicatif.**

j'évolu........ • nous pari......... • j'appréci......... • vous croy......... • il nettoi....... • ils sav......... • je revoi......... •
il accour......... • tu attribu......... • tu conclu......... • il labour......... • vous fai......... • il répon......... •
elle avou......... • tu enten......... • j'étein......... • il résou......... • ils écriv......... • tu sour......... • vous fai......... •
ils croi......... • je réagi......... • il entrepren......... • nous dis......... • on contrib .... • je répon.........

10 **Réécris à l'imparfait et au passé simple les huit premiers verbes de l'exercice 9.**

Imparfait : ....

....

Passé simple : ....

....

11 **Réécris les phrases au passé composé.**

1. Il le vit. → ....
2. Il promit de venir. → ....
3. Je ne dormis pas. → ....
4. Elle reçut un prix. → ....
5. Je répondis « oui ». → ....
6. Elle revint vite. → ....
7. Je traduis le texte. → ....
8. Tu ne dis rien. → ....

12 **DÉFI ORAL À tour de rôle, chaque élève choisit un verbe à l'infinitif et demande à un(e) camarade de le mettre à la 1re personne du singulier et du pluriel aux quatre temps simples de l'indicatif, au présent du subjonctif et au passé composé. L'élève interrogé(e) questionne ensuite un(e) autre camarade. Les élèves qui ne se sont pas trompés ont gagné.**

13 **Écris les verbes à la 2e personne du singulier du présent de l'indicatif, du conditionnel, du subjonctif et de l'impératif.**

Avoir : ....
Revoir : ....
Faire : ....
Aller : ....
Appuyer : ....

14 **Écris ces phrases de Marivaux à la 2e personne du singulier.**

1. « Vous souvenez-vous d'un soir où vous étiez avec ce cavalier si bien fait ? » → ....

....

2. « Tâchez de vous calmer. » → ....
3. « Attendez donc. » → ....
4. « Ne m'interrompez point. » → ....
5. « Laissez-moi faire. » → ....
6. « Écoutez-moi ». → ....
7. « Vous devriez rougir de honte. » → ....
8. « Vous me charmez, embrassez-moi. » → ....

J'écris et je corrige

Méthode pour relire ce que tu as écrit

Regarde chaque verbe et vérifie que :
1. tu as écrit la forme qui correspond au mode et au temps attendus en utilisant les Méthodes ;
2. tu as choisi la **terminaison** qui correspond à la personne du verbe ;
3. tu as choisi la bonne terminaison des **verbes en *-er*** : *-é*, *-er*, *-ez* ;
4. tu as orthographié correctement les **participes passés** : *-é*, *-i*, *-is*, *-it*, *-u*, *-t* ;
5. tu n'as pas confondu les formes en *-ai*, *-ais*, *-rai*, *-rais*.

15 **a. Barre chaque mot mal orthographié dans les parenthèses. b. ORAL Justifie tes choix.**

1. Balzac a (*écris / écrit*) qu'il (*veux / veut*) (*concurrencé / concurrencer*) l'état civil, ce qui (*signifie / signifit*) qu'il a (*cherché / chercher*) à (*imité / imiter*) le réel dans ses romans. **2.** Si j'avais (*construis / construit*) tout seul cette maquette, je (*serais / serai*) fier de moi. Je (*ferai / ferais*) mieux la prochaine fois. **3.** Thomas a (*crut / cru*) que je ne l'(*aiderai / aiderais*) pas, mais il ne faut pas qu'il (*croit / croie*) cela ! **4.** Je (*nageai / nageais*) depuis une heure déjà quand je (*remarquai / remarquais*) le radeau à la dérive. **5.** Je (*vérifis / vérifie*) toujours que j'ai mes clés en partant. **6.** Autrefois, vous n'(*oubliez /oubliiez*) jamais mon anniversaire ! **7.** J'(*aimerai / aimerais*) vraiment apprendre à (*parlé / parler*) italien.

16 **Barre et corrige les huit verbes mal orthographiés.**

Ce soir-là, je sortis de la piscine un peu plus tard. J'avais décidé de prolonger mon entraînement car je savais que j'aurai à affronté des nageurs de haut niveau le lendemain. Je fus surpri par un curieux cri ; je continuai mon chemin sans me retourner, un peu angoissé. Tandis que je cherchai à me calmer, je crus deviner une silhouette. Je pressai le pas. Il ne fallait pas que j'est l'air inquiet. La silhouette fût éclairée par les phares d'une voiture : c'était un chat ! J'éclatais de rire. Ne vous moquer pas de moi !

Corrections : ....

17 DICTÉE PRÉPARÉE **a. Souligne les verbes à un mode personnel, surligne les participes passés et entoure les infinitifs. b. Recopie plusieurs fois les mots que tu ne connais pas pour les mémoriser.**

J'ai le cou brisé, la nuque qui me fait mal, la poitrine creuse : je suis resté penché sur les chapitres sans lever la tête, sans entendre rien, dévoré par la curiosité, collé aux flancs de Robinson, pris d'une émotion immense, remué jusqu'au fond de la cervelle et jusqu'au fond du cœur ; [...] je vois se profiler la tête longue d'un peuplier comme le mât du navire de Crusoé ! Je peuple l'espace vide de mes pensées, tout comme il peuplait l'horizon de ses craintes ; debout contre cette fenêtre, je rêve à l'éternelle solitude et je me demande où je ferai pousser du pain...

Jules Vallès, *L'Enfant*, 1884.

Bizarre, bizarre...

- **Tu découvres un objet dont tu ne comprends pas l'usage. Raconte ta découverte au présent en utilisant a. ★ huit, b. ★★ douze, c. ★★★ quinze verbes de différents groupes à la 1re personne.**
- **Réécris ton récit au passé composé (*Hier...*) puis au passé simple (*Soudain...*).**

J'évalue mes progrès

31 Le verbe

1 **Indique le temps et le mode de chaque forme verbale en gras.**

La gouvernante, rouge de colère, entra dans l'office et s'**adressa** (.......................................) d'un ton sec à la jeune servante : « Tu n'**as** toujours pas **terminé** (.......................................) ton ouvrage ? Il faut absolument que tu **aies fini** (.......................................) pour demain ! **Crois** (.......................................)-tu que nous **puissions** (.......................................) nous permettre de lambiner ? Tu **aurais dû** (.......................................) t'y prendre plus tôt ! Si tu **avais suivi** (.......................................) mes conseils, tu ne **serais** (.......................................) pas dans cette situation ! **Appelle** (.......................................) ta sœur, elle **acceptera** (.......................................) peut-être de t'aider. »

......./20

2 **Écris les verbes au mode, au temps et à la personne demandés.**

Indicatif	Conditionnel
je (*prendre / présent*)	vous (*pouvoir / passé*) ....
tu (*oublier / futur*)	**Subjonctif**
je (*tomber / passé simple*)	qu'il (*avoir / présent*) ....
elle (*entrer / passé composé*)	que vous (*faire / passé*) ....
tu (*apprendre / futur antérieur*)	**Impératif présent**
nous (*parier / imparfait*)	rester (2e *personne du singulier*) : ....

......./20

3 **Écris ici la dictée lue par ton professeur ou, en autonomie, écoute-la en flashant le QR code®**

....

....

....

....

....

....

....

....

D'après **George Sand**, *Indiana*, 1832.

......./20

Formes verbales en *-é*, *-er*, *-ez* bien orthographiées ..../8

Formes composées bien orthographiées ..../8

Autres formes simples bien orthographiées ..../4

J'évalue mes compétences

	☹	😐	☺
1. Je sais reconnaître le mode et le temps d'un verbe.			
2. Je sais conjuguer les verbes aux principaux modes et temps.			
3. Je sais orthographier correctement les verbes (dans une dictée).			

☹ Entre 0 et 10 😐 Entre 11 et 15 ☺ Entre 16 et 20

32 La phrase simple

Je révise

- Une **phrase simple** comporte **un seul verbe conjugué à un mode personnel** (= une seule proposition). Pour être correcte, elle doit contenir **deux groupes obligatoires** : un **groupe sujet** et un **groupe verbal.**
- Le **groupe verbal** est formé du **verbe seul** ou **accompagné d'un complément** (COD, COI ou attribut du sujet) **qui ne peut être ni supprimé ni déplacé.**

*Nager donne **faim**.*
S V COD

*Aline rêve **d'un gros goûter**.*
S V COI

*Elle semble **affamée**.*
S V Attribut du sujet

- Pour enrichir une phrase simple, on peut lui ajouter des **groupes facultatifs** :
  – des **compléments circonstanciels** (CC), que l'on peut supprimer ou déplacer ;
  – des **expansions du nom**, que l'on peut supprimer.

Le long du fleuve, (CC de lieu) **les maisons paraissaient endormies** **dans le matin.** (CC de temps)

en bois (expansion du nom) → maisons
petit (expansion du nom) → matin
majestueux (expansion du nom) → fleuve

Méthode pour écrire une phrase correcte

1. Lis la phrase à haute voix pour vérifier qu'elle a un **sens complet** : elle doit contenir les **groupes obligatoires**, placés dans le **bon ordre**. N'oublie pas les **adverbes de négation** dans la phrase négative.
2. N'oublie pas la **majuscule** et la **ponctuation**.
3. Vérifie que tu as **bien accordé** le verbe avec son sujet, et (si nécessaire) l'attribut du sujet avec le sujet.

Je m'entraîne

1 **a. Barre les groupes facultatifs. b. ORAL Préfères-tu la version longue ou la version courte du texte ? Justifie ta réponse.**

Dans la cour, un attroupement s'est formé en quelques secondes. Les élèves se sont agglutinés autour de Marc. Curieux, le surveillant s'est approché. Marc tenait dans ses mains un chaton ! Le petit animal ne paraissait pas effrayé.

2 **a. Souligne les sujets, surligne les CO et entoure les attributs du sujet.**
b. ORAL Précise la fonction des mots ou groupes de mots facultatifs en gras : expansions du nom ou CC.

1. **Sur la grille du barbecue** grésillaient des côtelettes d'agneau. 2. La mésange a donné la becquée à son oisillon. 3. Ce repas **végétarien** semble délicieux. 4. Le secret **de la chantilly** est la température de la crème. 5. **Grâce à son acharnement**, Astrid a gagné ce concours **de cuisine**. 6. Les collégiens motivés ont vendu des crêpes **pour financer leur voyage scolaire.** 7. Ces petits chimpanzés ont l'air très gourmands.

3 **DÉFI ORAL** ***La silhouette descend.*** **Chacun à votre tour, répétez cette phrase en lui ajoutant, à chaque fois, un nouveau groupe dont vous préciserez la fonction. Celui/Celle qui se trompe ou qui ne trouve plus de groupe à ajouter a perdu.**

1 **Indique la fonction des mots ou groupes de mots en gras.**

Cette maison abandonnée fascinait Paulo **depuis des années**. Ce jour-là, il **la** visitait enfin ! La porte était **solide**. **Pour accéder à une fenêtre de l'étage**, le jeune garçon posa une **vieille** échelle branlante contre le mur. Il posa **prudemment** un pied puis l'autre sur chaque barreau. Puis il poussa le battant **de la fenêtre**. **Celle-ci** s'ouvrit en grinçant ! Paulo ne pensait pas **aux risques encourus**… Qu'allait-**il** découvrir ?

depuis des années : .... la : ....

solide : .... Pour […] étage : ....

vieille : .... prudemment : ....

de la fenêtre : .... Celle-ci : ....

aux risques encourus : .... il : ....

......./20

2 **a. Surligne les phrases correctes. b. Barre les phrases incorrectes et corrige-les.**

1. Tes propos ne sont pas clair. **2.** Fermez la fenêtre immédiatement. **3.** Mes parents ont acheté. **4.** Inès ne te paraît-elle pas heureuse ? **5.** Au pied du chêne poussait de beaux champignons. **6.** Me poussez pas ! **7.** Davantage d'épinards veux-tu ? **8.** Ils ne nous en voudrons pas. **9.** Est-ce que m'entends bien. **10.** Mon frère n'a encore jamais pris le train.

Corrections : ....

....

....

....

......./20

3 **Écris ici la dictée lue par ton professeur ou, en autonomie, écoute-la en flashant le QR code®.**

....

....

....

....

....

....

....

....

Accords des verbes avec leur sujet : ..../10

Accords des attributs du sujet : ..../4

Accords des participes passés : ..../6

J'évalue mes compétences

	☹	😐	☺
1. Je sais reconnaître la fonction des groupes obligatoires et facultatifs dans la phrase simple.			
2. Je sais reconnaître les phrases simples correctes et corriger les phrases incorrectes.			
3. Je sais maîtriser les accords dans la phrase (dans une dictée).			

☹ Entre 0 et 10 😐 Entre 11 et 15 ☺ Entre 16 et 20

J'apprends à...
identifier et bien écrire les trois types de phrases.

33 Les types de phrases

J'observe

a. Corrige les erreurs de ponctuation. b. ORAL Justifie tes choix.

Roméo déclara alors : « Juliette, je t'aime plus que ma vie ? Acceptes-tu de fuir avec moi. »

....

Je mémorise l'essentiel

Les trois types de phrases

Phrase déclarative	Phrase interrogative	Phrase impérative
Pour apporter une information	Pour poser une question	Pour donner un ordre ou un conseil
. / ...	?	. / ...
Je rêve de t'épouser.	*Veux-tu m'épouser ?*	*Épouse-moi.*
....	....	....

- **Attention :** les phrases peuvent aussi se terminer par un **point d'exclamation.** Dans ce cas, elles sont également de **forme exclamative.** *Épouse-moi !*

Je m'entraîne

★ **1 a. Complète le texte suivant avec la bonne ponctuation. b. ORAL Précise le type de phrase utilisé.**

Mon cher ami, voulez-vous que nous discutions de ce qui vous préoccupe .... Si c'est le cas, je vous attendrai chez moi demain à 16 h........... Nous pourrons ainsi parler en toute tranquillité........... N'est-ce pas la meilleure chose à faire .... Sonnez trois fois pour que je sache que c'est vous........... Je viendrai vous ouvrir........... Surtout, ne soyez pas en retard..............

★★ **2 Identifie le type de chaque phrase et réécris-la en suivant les indications.**

1. Le coureur éthiopien a-t-il gagné le marathon ? (phrase ....)
→ Phrase déclarative : ....
2. La cuisine a besoin d'être nettoyée. (phrase ....)
→ Phrase impérative : ....
3. Qu'il sorte. (phrase ....)
→ Phrase interrogative : ....
4. Est-ce que vous serez prêts à dix heures ? (phrase ....)
→ Phrase impérative : ....

Ne me quitte pas !

- **Un amoureux éconduit prie sa belle de lui laisser une seconde chance. Rédige ce qu'il lui dit en ★ huit, ★★ dix, ★★★ douze phrases.**
- **Varie les types de phrases pour mettre en valeur ce qu'il ressent.**

J'apprends à...
identifier et bien écrire les différentes formes de phrases.

34 Les formes de phrases

J'observe

a. Souligne la phrase négative, entoure la phrase exclamative et surligne la phrase passive.
b. ORAL Explique comment tu fais pour repérer chaque forme de phrase.

Gavroche est un enfant incroyable ! Il a été abandonné par ses parents. Pourtant, il n'a peur de rien.

Je mémorise l'essentiel

- Chaque **type de phrases** (déclaratif, impératif, interrogatif) peut être mis à une **forme** particulière.

Formes de phrases	Caractéristiques	Exemples
négative	contient ***ne*** et un autre mot de négation (souvent un adverbe) : *ne… pas, ne… plus, ne… guère, personne… ne, ne… jamais, ne… ni… ni, ne… encore, ne… rien, ne… personne.*	*Vous **ne** le croyez **pas**.* ***Ne** le croyez **pas**.* ***Ne** le croyez-vous **pas** ?*
exclamative	– exprime une **émotion**, un **sentiment**. – se termine par un **point d'exclamation**.	*Vous ne le croyez pas **!*** *Ne le croyez pas **!*** *Ne le croyez-vous pas ?**!***
active	– le **sujet fait l'action** exprimée par le verbe.	*On a arrêté le voleur.* *A-t-on arrêté le voleur ?*
passive	– le **sujet subit l'action** exprimée par le verbe, qui est alors à la voix passive. (→ Fiche 29) – Le verbe peut être complété par un **complément d'agent** (il indique qui fait l'action).	*Le voleur **a été arrêté**.* *Le voleur **a**-t-il **été arrêté** ?* *Le voleur a été arrêté **par un policier**.*

- **Attention :** Une même phrase peut avoir **plusieurs formes différentes.**
Ne me parle plus de cette histoire ! (type impératif ; formes négative et exclamative)

Je m'entraîne

★ **1** **a. Précise le type et la ou les formes de chaque phrase.**
b. Souligne les indices qui t'ont permis de répondre.

Phrases	Type	Forme négative	Forme exclamative	Forme passive
N'es-tu pas faim ?	*interrogative*	*X*		
1. Ne l'appelez jamais pendant la sieste !	....	....	....	....
2. Nous sommes bien inscrits sur la liste.	....	....	....	....
3. Ce roman n'a pas encore été traduit.	....	....	....	....
4. Vous n'avez rien compris !	....	....	....	....
5. Juliette n'a encore rien dit ?!	....	....	....	....
6. Ne sois pas étonné par sa réponse !	....	....	....	....

★★ **2** ORAL À QUATRE **Chacun(e) invente une phrase exclamative et la dit avec des intonations différentes. Les autres doivent deviner le sentiment / l'émotion exprimé(e).**

3 **a. Souligne les phrases à la forme active et surligne celles à la forme passive.**
b. Dans les phrases à la forme passive, entoure les compléments d'agent.

1. Les touristes sont descendus de la tour Eiffel à pied.
2. Mon grand-père sera opéré par une chirurgienne de renom.
3. Un nouveau vaccin anti-erreurs d'orthographe aurait été découvert par une équipe de chercheurs.
4. Théophile passera chaque semaine voir ses parents.
5. La pince a linge a-t-elle été inventée par l'homme de Cro-Magnon ?
6. Nous avons appris cette bonne nouvelle de la bouche de nos voisins.

4 **a. Écris ces phrases à la forme négative. b. Souligne les mots (des adverbes et un pronom) de la négation.**

1. Khaled aime se compliquer la vie. ....
2. Nous sommes déjà rentrés de vacances. ....
3. Marco Polo est déjà allé au Canada. ....
4. Je connais son père et sa mère. ....
5. As-tu compris quelque chose à ce devoir ? ....

5 **Complète les réponses en utilisant les mots de la négation qui conviennent.**

1. Viens-tu avec nous ? Non, ...
2. Avez-vous vu quelqu'un entrer ? Non, ...
3. Te souviens-tu encore de cette soirée ? Non, ...
4. Hadidja s'est-elle déjà posé la question ? Non, ...

6 **Transforme les phrases en respectant les indications.**

1. Tu sors après le dîner. → (*type impératif / négative*) ....
2. On applaudit l'artiste. → (*négative / passive*) ....
3. Lola a aimé le film. → (*type interrogatif / négative*) Lola ....
4. Vous partez sans faire de bruit. → (*type impératif / exclamative*) ....
5. On a démoli l'immeuble. → (*type interrogatif / passive*) ....

7 **Réécris les phrases a. à la forme passive, b. à la forme active.**

a. 1. La foule a acclamé la championne. → ....
2. Une blogueuse de talent rédige ces articles. → ....
3. On moissonne le blé en juillet. → ....

b. 4. Le match a été retransmis par la télévision. → ....
5. La maison sera vendue dans un mois. → ....
6. Les feuilles sont emportées par le vent. → ....

8 **Écris une phrase de forme active puis une de forme passive en employant les mots ou groupes proposés.**

1. trois énormes colis / ton professeur de maths / déposer

....

....

2. des astronautes amateurs / une nouvelle planète habitée / repérer

....

....

9 ★★★ **Transforme les phrases en respectant les indications concernant leur type et leur(s) forme(s).**

1. Les élèves ont compris la consigne. (*type interrogatif / négative et passive*)

→ ……………………………………………………………………………………

2. Tu mets deux heures à donner ta réponse. (*type impératif / négative et exclamative*)

→ ……………………………………………………………………………………

3. On a ignoré mes conseils. (*type interrogatif / exclamative et passive*)

→ ……………………………………………………………………………………

Pour aller plus loin — La forme impersonnelle

- Dans une phrase à **la forme impersonnelle**, le sujet *il* ne représente rien ni personne. Le verbe est à la 3e personne du singulier.
  ***Il pleut** depuis une heure. **Il vaut** mieux ne pas sortir maintenant.*

10 ★★ **Souligne les phrases à la forme impersonnelle.**

1. Il reste quelques mystères à éclaircir. 2. Il reste à la maison toute la journée. 3. Il y a un nouvel ordinateur dans la salle de classe. 4. Il suffit d'un rien pour le rendre heureux. 5. Il est prudent quand il conduit. 6. Il est prudent de se protéger du soleil. 7. Il est possible qu'il arrive en retard. 8. Qu'il arrive en retard est possible. 9. Il semble que la circulation soit rétablie. 10. Il commence un nouveau travail la semaine prochaine. 11. Il commence à faire froid, ici !

11 ★★ **Transforme ces phrases en phrases à la forme impersonnelle.**

Réussir du premier coup est facile. → Il est facile de réussir du premier coup.

1. Que tu te sois trompé dans ton calcul n'est pas impossible.

→ ……………………………………………………………………………………

2. Trouver un endroit au calme dans cette ville devient rare !

→ ……………………………………………………………………………………

3. Vivre un tel moment n'est pas donné à tout le monde.

→ ……………………………………………………………………………………

12 ★★★ **Recopie le texte en corrigeant les erreurs portant sur les formes de phrases (ponctuation, construction, orthographe).**

Il arrivent toujours de drôles d'aventures à Archibald. Un jour, il a trouvé un pingouin dans la rue.
Il savait pas quoi en faire ? Un ami lui a donné un conseil :
– C'est pas compliqué. Emmène-le au zoo ?
– Quelle bonne idée. Et pourquoi pas au cinéma.

……………………………………………………………………………………

……………………………………………………………………………………

……………………………………………………………………………………

……………………………………………………………………………………

L'interrogatoire

- **Le commissaire Tékitoi interroge M. Zygomatique, suspecté d'avoir enduit de colle le siège du roi d'Aupoiland. Rédige le dialogue entre les deux personnages comprenant a. ★ huit b. ★★ dix c. ★★★ douze répliques.**
- **Varie les formes de phrases.**

35 Le sujet

J'apprends à...
repérer et à utiliser les groupes obligatoires pour écrire des phrases correctes.

J'observe

a. Souligne le sujet de chaque verbe. b. ORAL Explique comment tu fais pour le repérer.

Les poissons multicolores, dans un mouvement harmonieux, évoluaient gracieusement dans le grand aquarium. Les visiteurs les suivaient des yeux. Sur tous les visages se lisait l'admiration.

Je mémorise l'essentiel

- Dans une phrase, le **sujet** désigne **qui / ce qui fait l'action** ou **est dans l'état** exprimé par le verbe.
  Les visiteurs se pressent à la caisse. Le guichetier semble épuisé.
- Il faut repérer le **sujet** car il **commande la terminaison** du verbe. Ils forment une **chaîne d'accord.**
  Les enfants se pressent devant les aquariums.

La **classe grammaticale** du sujet peut être :

un nom	un GN	un pronom	un verbe à l'infinitif (ou un groupe infinitif)	une proposition subordonnée
Paul adore les frites !	*Les élèves de 4e font une course.*	*Celui-ci ira loin ! Quelqu'un a crié.*	*Cracher est interdit.*	*Que tu sois là m'étonne.*

- **Attention :** le sujet n'est pas toujours placé juste avant le verbe. Il peut être placé **après** le verbe (**sujet inversé**) ou **séparé de lui par un ou plusieurs compléments.**
  Sur l'eau voguait un somptueux voilier. Le capitaine, craignant la tempête, le fit revenir au port.

Méthodes pour repérer le sujet d'un verbe

Des coquelicots ont poussé dans ce champ.

1 Pose la question ***Qui est-ce qui ?*** ou ***Qu'est-ce qui ?*** + verbe
*[Qu'est-ce qui] a poussé dans ce champ ? **Des coquelicots**.*

ou

2 Tu peux l'encadrer par ***C'est… qui*** ou ***Ce sont… qui***
*Ce sont **des coquelicots** qui ont poussé dans ce champ.*

Je m'entraîne

★ **1 Souligne le sujet des verbes en gras. Utilise une des Méthodes.**

1. Les moutons, pour rentrer dans la bergerie, **sont poussés** par le chien.
2. Se moquer de lui, dans de telles circonstances, **est** indigne de toi.
3. Que tu ne sois pas d'accord m'**importe** peu.
4. Dans ce pré **campent** très souvent des touristes.
5. Anna et Selim, de retour de Rome, **sont venus** me voir.
6. À cause de la neige, certains, hier, **ont dormi** au collège.
7. À l'arrivée du voisin, les enfants, sans se faire repérer, l'**ont espionné**.
8. Demain, **aimeriez**-vous m'accompagner à la plage ?

2 TOP CHRONO **En une minute, sur le thème des vacances, écris au brouillon un maximum de phrases dont chaque sujet aura une classe grammaticale différente.**

3 **Souligne les pronoms personnels en gras uniquement s'ils sont sujets.**

1. **Nous vous** attendrons demain à huit heures. 2. J'ai croisé Noëla ; repassera-t-**elle** par ici ? 3. **Je les** appelle pour qu'**ils nous** rejoignent. 4. **Elle nous** a prévenus qu'**ils** viendraient. 5. **Nous vous** l'avons gardé au chaud ! 6. **Elle** est d'accord avec **eux** sur le projet mais **lui** s'y oppose. 7. Léo semble inquiet, **vous** a-t-**il** parlé d'un problème ?

4 **Souligne les sujets et précise leur classe grammaticale.**

1. Parler pour ne rien dire ne fait pas avancer le débat. : ....
2. Rien ne s'oppose à ce voyage. : ....
3. La plupart des spectateurs ont adoré ce film. : ....
4. L'autre jour, Ali et Helmut se sont battus. : ....
5. Nous vous dirons toujours la vérité. : ....
6. Derrière la maison pousse un saule pleureur centenaire. : ....
7. Qu'il réussisse cette mission m'étonnerait beaucoup ! : ....
8. J'aime mes chaussures mais les tiennes me plaisent aussi. : ....

5 **a. Souligne les pronoms sujets. b. Barre et corrige les verbes mal accordés.**

J'adore les promenades en forêt : elles me détende ! Le chant des oiseaux, le bruissement des feuilles : tout cela contribuent à mon bien-être... Je respire les parfums de l'humus, ils m'aide à oublier la ville. Accompagnez-moi lors de mes prochaines balades : elles nous ferons un bien fou !

Corrections : ....

6 **Complète ces phrases avec un sujet de la classe grammaticale indiquée.**

1. (*GN*) ...., au soleil, ne bouge pas du tout. 2. (*Prop. Sub.*) .... est inadmissible. 3. (*Pronom indéfini*) .... n'ont pas l'air contents. 4. (*Infinitif*) .... permet de rester en forme. 5. Sur cette belle avenue, se promènent souvent (*GN*) .... 6. Ces petites comptines, (*nom propre*) .... les fredonne souvent.

7 **Souligne les sujets et relie-les à leur verbe.**

Le chemin, à cet endroit, montait doucement au milieu de la forêt d'Aïtône. Les sapins démesurés élargissaient sur nos têtes une voûte gémissante, poussaient une sorte de plainte continue et triste, tandis qu'à droite comme à gauche leurs troncs minces et droits faisaient une sorte d'armée de tuyaux d'orgue d'où semblait sortir cette musique monotone du vent dans les cimes. [...] Mon compagnon me dit : « Ici sont réfugiés tous nos bandits. »

D'après **Guy de Maupassant**, *Un bandit corse*, 1882.

Au fil de l'eau

- **Imagine-toi dans une barque, voguant sur une rivière. Décris le paysage qui défile sous tes yeux en :**

a. ★ huit phrases. Tu souligneras les verbes à un mode personnel et les relieras à leur sujet.
b. ★★ dix phrases. Tu inséreras obligatoirement un complément entre un des sujets et son verbe.
c. ★★★ douze phrases. Tu inséreras obligatoirement un sujet inversé et un sujet séparé de son verbe par un ou plusieurs compléments.

- **Varie la classe grammaticale des sujets. Souligne-les et vérifie les accords.**

J'apprends à...
maîtriser les accords pour écrire des phrases correctes.

36 Bien accorder le verbe

J'observe

a. Barre et corrige les erreurs. b. ORAL Justifie tes corrections.

Dans le cours d'eau, les enfants de ma tante joue à se poursuivre. Celle-ci les regardent d'un air attendri.

....

Je mémorise l'essentiel

- Le **verbe s'accorde** en **nombre** (singulier, pluriel) et en **personne** (1re, 2e et 3e) avec son **sujet**.
Mes plantes commencent à germer.

Méthode pour bien accorder le verbe avec son sujet

L'enfant et sa mère cherche ? un refuge pour la nuit.

1. Repère le **verbe conjugué.** *cherche ?*
2. Repère le **sujet** (→ leçon 35). *Qui est-ce qui cherche ? L'enfant et sa mère.*
3. Trouve la **personne du sujet** et écris la bonne terminaison du verbe.
L'enfant et sa mère = ils (3e personne du pluriel) cherchent.

Attention :

- Parfois, le nom noyau du GN sujet est **éloigné du verbe** ou est placé **après le verbe** (= sujet inversé).
Derrière la porte guettait un cambrioleur : l'homme aux sombres desseins attendait la nuit noire pour agir.
- Le verbe **ne s'accorde pas** avec le **pronom complément** (*le, la, les, lui, leur*) qui peut le précéder. *J'adore les romans policiers ; je les dévore en une nuit.*

Je m'entraîne

★ 1 a. Souligne les verbes et relie-les à leur sujet. b. ORAL Justifie l'accord.

1. Les élèves de cette classe chantent dans la chorale. 2. Tom les envie, car il adore chanter. 3. Dans la nuit, brillent les lumières de la ville. 4. Les écueils de la côte, très souvent, causent des dégâts aux bateaux. 5. Serais-tu d'accord pour balayer la cuisine ? 6. Faire un grand voyage, quand Neela sera plus grande, fait partie de ses projets. 7. Quand arrivent, en hiver, les grands froids, les routes de campagne se verglacent et je les évite.

★★ 2 Accorde chaque verbe avec son sujet. Utilise la Méthode.

1. Les tableaux exposés dans ce musée val.............. cher. 2. Près de la mare s'épanouissai.............. des massifs de roseaux. 3. Laura, la fille de mes voisins, ador.............. les brioches aux pralines et elle les achèt.............. par douzaines. 4. Les vieilles chaises de Papi, celles du jardin, mériterai.............. d'être rénovées. 5. Pourquoi ne joue..............-tu pas de la guitare ? 6. Ces enfants, malgré leur âge, parai.............. raisonnables, mais les autres me sembl.............. effrontés. 7. Qui réfléchit bien évit.............. les bêtises !

★★ 3 DÉFI À DEUX Chacun(e) choisit une des deux listes de verbes et écrit au brouillon trois phrases dont les sujets seront éloignés du verbe. Dictez-vous vos phrases. Celui/Celle qui a fait le moins d'erreurs a gagné !

1. entrer • chercher • découvrir 2. entendre • sursauter • courir

4 Réécris les phrases suivantes en mettant les sujets au pluriel.

1. Ton plat me semble délicieux alors que le mien ne me tente pas.

→ ....

2. Sur le chemin de sable, s'avançait une caravane de chameaux.

→ ....

Pour aller plus loin — Les accords plus complexes

- Quand le sujet est *on*, *chacun*, *aucun*, *personne*, le verbe est au **singulier**.
  *On **est** d'accord. Chacun **apporte** un plat. Aucun / Personne **ne proteste**.*
- Quand le sujet est ***beaucoup***, ***la plupart***, ***peu de***, le verbe est au **pluriel**.
  *Beaucoup **ont** répondu. La plupart **viendront**.*
- Quand il y a **deux sujets de personnes différentes**, le verbe s'accorde avec le **pronom** qui peut les remplacer.
  *Billy et moi (= nous) **sommes** arrivés !*
- Quand le sujet est un **nom singulier représentant plusieurs personnes ou plusieurs choses**, le verbe est le plus souvent au **singulier** (comme le nom) et non au pluriel (comme ce que désigne le nom).
  *Le cortège **arrive** et la foule **applaudit**.*

5 Rédige la suite des phrases en respectant les accords.

1. Dans la forêt, une meute de loups ....
2. Après cet appel à la solidarité, beaucoup ....
3. Pendant la fête des voisins, la plupart des habitants ....
4. Tes parents et toi ....

6 Barre et corrige les verbes mal accordés.

Dans un petit village d'Auvergne, vivait un couple et ses six enfants. Ils n'étaient pas riches mais la famille mangeais toujours à sa faim. La plupart des enfants aimait s'occuper des poules. Leur père, allait à la pêche le dimanche avec les aînés : il leur montraient les étangs les plus poissonneux. Tous participaient à l'entretien d'un potager où poussait des légumes délicieux.

Corrections : ....

7 DICTÉE PRÉPARÉE **a. Souligne chaque verbe et relie-le au(x) mot(s) avec lequel/lesquels il s'accorde.**
b. Recopie plusieurs fois les mots que tu ne connais pas pour les mémoriser.

La ville en se réveillant eut un cri de stupeur. Tous les appartements avaient l'air de serres. Des lianes suivaient les rampes d'escalier. Dans les rues étroites, des branches se joignaient d'un toit à l'autre, mettant au-dessus de la ville bruyante l'ombre des avenues forestières. Cela devenait inquiétant. Pendant que les savants réunis délibéraient sur ce cas de végétation extraordinaire, la foule se pressait dehors pour voir les différents aspects du miracle. Les cris de surprise, la rumeur étonnée de tout ce peuple inactif donnaient de la solennité à cet étrange événement.

D'après **Alphonse Daudet**, *Wood'stown*, 1873.

Avatar

- **Tu joues à un jeu vidéo. Raconte ce que fait ton personnage en :**
  a. ★ huit phrases, b. ★★ dix phrases, c. ★★★ douze phrases.
- **Varie la classe grammaticale des sujets.**
- **Vérifie que tu as bien accordé chaque verbe à son sujet en utilisant la Méthode.**

37 Les compléments d'objet

J'apprends à...
repérer et utiliser les groupes obligatoires pour écrire des phrases correctes.

J'observe

a. Souligne les compléments en gras qui sont facultatifs et surligne ceux qui sont obligatoires.
b. ORAL Précise la fonction des compléments surlignés.

Grâce à son entraînement intensif, Nico a remporté **la course d'orientation lors de la fête annuelle du collège**.

Fièrement, il s'est approché **de la foule** et **l'**a saluée !

Je mémorise l'essentiel

- Le **complément d'objet** fait partie du **groupe verbal** : il indique **sur quoi / qui porte l'action du verbe**.
C'est un complément **obligatoire** du verbe : on ne peut ni le supprimer ni le déplacer.
Le professeur donne une évaluation. ~~*Le professeur donne. Une évaluation le professeur donne.*~~

Le **complément d'objet** peut être :

un **nom propre**	un **GN**	un **pronom**	un **groupe infinitif**	une **proposition subordonnée**
J'apprécie Léa.	*Tu parles à sa mère.*	*Tu lui parles.*	*Il adore critiquer les autres.*	*J'aimerais que tu réussisses.*

Méthode pour repérer le COD et le COI

Complément d'objet direct (COD)

Il est utilisé sans préposition.
Verbe + *qui / quoi ?*
Le mécanicien répare ***la voiture****.*
Le mécanicien répare quoi ? La voiture.

Complément d'objet indirect (COI)

Il est introduit par une préposition : *de, à...*
Verbe + *à qui / à quoi / de qui / de quoi ?*
Mon frère parle ***de son voisin****.*
Mon frère parle de qui ? De son voisin.

- **Attention :** un verbe peut être complété par plusieurs CO. *J'ai offert un bijou à ma mère.*
COD + COI

Je m'entraîne

1 Coche la fonction des mots ou groupes de mots en gras. Utilise la Méthode.

	COD	COI
1. Zoé ne se souvient pas **de moi**.	....	....
2. Mon frère aimerait **voyager au Mexique**.	....	....
3. Je sais **que tu as raison**.	....	....
4. Nous participerons **à la tombola**.	....	....
5. Les amis de Ted **lui** ont offert une console de jeux.	....	....

2 Complète chaque phrase par un COD puis par un COI.

1. a. Laurent tient (*COD*) .... b. Laurent tient (*COI*) ....
2. a. Albin dispose (*COD*) .... b. Albin dispose (*COI*) ....
3. a. Mon cousin conduit (*COD*) .... b. La vitesse conduit (*COI*) ....
4. a. Esteban parle très bien (*COD*) .... b. Esteban parle (*COI*) ....

3 DÉFI À DEUX TOP CHRONO **Vous avez une minute pour écrire séparément un maximum de phrases avec un COD. Puis une autre minute pour écrire un maximum de phrases avec un COI. Celui/Celle qui a écrit le plus de phrases correctes a gagné.**

4 **a. Souligne les COD et surligne les COI. Utilise la** Méthode**.**
b. ORAL **Précise la classe grammaticale de chaque CO.**

1. Selim a pardonné à son meilleur ami. 2. Sa réflexion l'a incité à se ressaisir. 3. J'apprécierais que tu sois plus compréhensif. 4. J'ai appelé le médecin et lui ai demandé conseil. 5. Veux-tu sortir avec moi ? 6. J'ai suggéré à Hector de faire son exercice et il a recopié le mien ! 7. Je le leur ai dit. 8. La monitrice les initiera au kayak. 9. As-tu parlé à Johanna de notre projet ? 10. J'ai vu Nolwenn et je lui ai raconté ton exploit.

5 **Parmi les groupes de mots en gras, souligne les CO.** (Attention : le CO ne peut être ni déplacé ni supprimé !)

1. a. Paul parle **de son anniversaire**. b. Paul a dévoré le gâteau **de son anniversaire**.
2. a. J'attends **l'hiver prochain** avec impatience. b. **L'hiver prochain**, j'irai aux sports d'hiver.
3. a. Ma grand-mère a acheté un jouet **à mon chien**. b. Comparé **à mon chien**, le tien est immense !
4. a. Abil pense souvent **au port de Bordeaux**. b. **Au port de Bordeaux**, de nombreux navires attendent d'appareiller.
5. a. **Sur lui**, nous avons retrouvé l'argent volé. b. On peut compter **sur lui**.

Pour aller plus loin — La place des pronoms COD

- Quand le **COD** est un **pronom personnel** (*le*, *la*, *les*…) ou un **pronom relatif** (*que*), il est toujours placé avant le verbe.
  *Je cueille **les jolies fleurs du jardin**. → Je **les** cueille. / Les fleurs **que** je cueille sont jolies.*

6 **Parmi les pronoms en gras, souligne ceux qui sont COD. Pour t'aider, à l'oral remplace le pronom de la 3e personne par un groupe nominal ou infinitif.**

1. **Je les** vois devant **moi**. 2. **Tu en** as parlé l'autre jour. 3. Les enfants **l'**ont mangé avec appétit. 4. **Cela lui** est complètement égal. 5. Le téléphone **que** j'ai acheté est en panne. 6. **Ils la** placent sur un piédestal. 7. **Nous** ne **le lui** pardonnerons pas. 8. Veux-**tu** finir le gâteau **que j'**ai fait ? 9. **Tu** penses souvent à **lui**.

7 **Remplace les groupes CO par des pronoms.**

1. Les bourrasques ont cassé mon parapluie. → ....
2. N'obéis pas aveuglément à ta sœur. → ....
3. Le criminel avouera ses forfaits à l'inspectrice. → ....
4. La mairie a interdit aux touristes de se baigner. → ....
5. Ne parle pas aux voisins de cette plante magique. → ....

8 **a. Remplace les pronoms par un CO d'une autre classe grammaticale.**
b. ORAL **Précise s'il s'agit d'un COD ou d'un COI.**

1. Y as-tu pensé ? ....
2. Vous les ferez demain. ....
3. En veux-tu encore ? ....
4. Je le jure. ....
5. Nous le lui indiquerons. ....

Ouiiiii… stiti !

- **Le petit singe d'une élève de la classe, qui s'était caché à son insu dans son sac à dos, vient de décider qu'il était temps d'explorer le labo de SVT. Raconte la scène en utilisant au moins : a. ★ trois COD et deux COI, b. ★★ quatre COD et trois COI, c. ★★★ cinq COD et quatre COI.**
- **Varie les classes grammaticales des CO. Souligne les COD et entoure les COI.**

38 L'attribut

J'apprends à...
repérer et utiliser les groupes obligatoires pour écrire des phrases correctes.

J'observe

a. Surligne les groupes de mots en gras qui sont des attributs du sujet.
b. ORAL Explique comment tu fais pour les reconnaître.

1. Mon frère est devenu **un grand avocat.** 2. J'admire **ce grand avocat.**
3. Je te donne la recette **de mon gâteau préféré.** 4. Le flan reste **mon gâteau préféré.**

Je mémorise l'essentiel

- L'**attribut du sujet** est un **groupe obligatoire** : il ne peut être ni déplacé ni supprimé.
Il apporte des **précisions sur le sujet.**
Il est le plus souvent introduit par un **verbe d'état** : *être* • *sembler* • *paraître* • *devenir* • *demeurer* • *rester* • *avoir l'air...*

L'attribut du sujet peut être :

un **adjectif**	un **nom** ou un **GN**	un **pronom**	un **groupe infinitif**	une **proposition subordonnée**
Tu parais ***malade.***	*Léo deviendra* ***acteur.***	*La plus jolie reste* ***celle-ci.***	*Cette blague est* ***à pleurer de rire.***	*Cette femme n'est pas* ***qui vous croyez.***

Méthode pour repérer un attribut du sujet

1. **Repère le verbe** et vérifie que tu peux le remplacer par le verbe *être*.
2. Vérifie que tu peux mettre **le signe** = entre le sujet et son attribut.
Les enfants ont l'air contents.
enfants = contents

- **Attention :** il ne faut pas confondre l'attribut du sujet et le COD.
Max est ***mon frère.*** *(Max = mon frère → attribut)*
Max appelle ***mon frère.*** *(Max ≠ mon frère → COD)*

Je m'entraîne

★ **1 Souligne les attributs du sujet. Utilise la Méthode.**

1. Bilal est devenu tout rouge. 2. Malgré sa colère, Zoé demeura de marbre. 3. Tout reste à reconstruire.
4. Mon souhait est que nous nous entendions tous bien. 5. Il semble des nôtres. 6. Son grand plaisir était de manger des noix fraîches. 7. Gaston paraît un saint mais il est fourbe ! 8. Ce sera un grand honneur !

★★ **2 Pour chaque phrase, coche la fonction des mots ou groupes de mots en gras.**

	Attribut du sujet	COD
1. Mon ami est **vendeur au rayon électroménager.**	....	....
2. Cet arbuste me semble **malade.**	....	....
3. Ridan a acheté **un nouveau grille-pain.**	....	....
4. Cet appartement est **à vendre.**	....	....
5. Je trouve **qu'il ment souvent.**	....	....
6. Basile est devenu **un menteur.**	....	....

★ **3** **Parmi les mots ou groupes de mots en gras, surligne ceux qui sont attributs du sujet.**

En voyant **le paquet**, Zita eut l'air **surprise**. Elle ne s'attendait pas **à un cadeau**. Celui-ci lui semblait **précieux** ! Comme elle était très **impatiente**, elle arracha **le nœud de la ficelle** qui fut **difficile à défaire** mais elle s'acharna. Elle découvrit alors **un smartphone étonnant** : il lui sembla **doté de pouvoirs exceptionnels**. En effet, il s'adressa à elle : « Je suis **en avance sur ton époque** ; es-tu **prête à faire un voyage dans le temps** ? » Son enthousiasme fut **immédiat** !

★ **4** DÉFI À DEUX **Un(e) élève propose un GN et l'autre le met dans une phrase où il est attribut du sujet puis à son tour, il/elle propose un GN. Il faut varier les verbes d'état. Celui/Celle qui n'a plus d'idée a perdu.**

★ **5** **Souligne les attributs du sujet et relie-les à leur sujet.**

Mme Loisel semblait vieille, maintenant. Elle était devenue la femme forte, et dure, et rude, des ménages pauvres. Elle avait toujours l'air mal peignée, avec les jupes de travers et les mains rouges, elle parlait haut, lavait à grande eau les planchers. Mais parfois, [...] elle songeait à cette soirée d'autrefois, à ce bal où elle avait été si belle et si fêtée. Que serait-il arrivé si elle n'avait point perdu cette parure ? Qui sait ? qui sait ? Comme la vie est singulière, changeante !

D'après **Guy de Maupassant**, *La Parure*, 1884.

Pour aller plus loin — Les verbes attributifs

- Tout verbe qui introduit un attribut du sujet est appelé **verbe attributif**.
  Les verbes d'état font partie des verbes attributifs.
- Selon leur sens ou leur construction, certains verbes peuvent s'employer comme **verbes attributifs** ou **verbes d'action** :
  Alfred tomba malade. (Alfred = malade) tomba → verbe attributif.
  Alfred tomba du toit. tomba → verbe d'action.

★ **6** **a. Complète les phrases en suivant l'indication. b.** ORAL **Relève les verbes attributifs.**

1. Ce film paraît (*adjectif*) ....
2. L'important est (*groupe infinitif*) ....
3. Ce compas semble (*pronom*) ....
4. Qui a été élu (*GN*) ....
5. Face au lion, l'explorateur reste (*adjectif + adjectif*) ....
6. Mon vœu le plus cher était (*proposition subordonnée*) ....

★★ **7** **Surligne les verbes attributifs et souligne les attributs du sujet.**

1. Nous restons déconcertés par ton agressivité. **2.** Yann a vécu trois ans en Australie et il est revenu enchanté. **3.** Hélène demeure 3, rue des trois Charcutiers. **4.** Je reste au collège cet après-midi pour travailler. **5.** Le soleil paraît à l'horizon. **6.** Tu restes tranquille ! **7.** Je demeure certaine que cette ombre était un fantôme. **8.** Mes grands-parents ont paru surpris de ma visite. **9.** Notre classe a élu ses délégués. **10.** Je reviendrai te voir demain. **11.** Tu seras élu député !

Poème devinette

- **Choisis un monument connu que tu décriras dans un poème pour le faire deviner. Commence chacun de tes vers par *il* ou *elle* + verbe attributif + attribut du sujet. Tu ne citeras le nom du monument que dans ton dernier vers. Ton poème fera a. ★ huit vers, b. ★★ dix vers, c. ★★★ douze vers.**
- **Varie les verbes attributifs et souligne les attributs du sujet.**

J'apprends à...
maîtriser les accords pour écrire des phrases correctes.

39 Bien accorder l'attribut du sujet

J'observe

a. Barre et corrige les erreurs. b. ORAL Justifie tes corrections.

Mes parents sont devenus boulanger et me paraissent souvent absorbé par leur travail.

....

Je mémorise l'essentiel

- Dans la plupart des cas, lorsque l'**attribut du sujet** est un **adjectif**, un **nom**, ou un **GN** ; il s'accorde en **genre** et en **nombre** avec le **sujet**.
*Cette lionne paraît **agressive**.*

Méthode pour bien accorder l'attribut du sujet

Les élèves ont l'air attentif ?

1. Vérifie que le verbe est un **verbe attributif**. *ont l'air = sont* → verbe attributif
2. Dans ce cas, **repère le sujet et l'attribut du sujet**. *les élèves = attentif ?*
3. **Accorde l'attribut du sujet** avec le **sujet**. *Les élèves ont l'air **attentifs**.*

Je m'entraîne

★ 1 Complète chaque phrase par l'attribut qui convient. Attention aux accords !

affamé • comblés • pertinentes • infirmière • usées • impatiente • un joueur de foot très doué

1. Tes propositions me semblent .... 2. Ce chien a l'air .... 3. Ma sœur est .... 4. Ce garçon s'avère .... 5. Mes grands-parents ont vécu .... 6. L'hôtesse se montre .... 7. Tes chaussettes paraissent ....

★★ 2 Réécris les phrases suivantes en mettant les sujets au pluriel. Effectue les modifications nécessaires.

1. Il restera mon meilleur ami. → ....
2. Ma voisine passait pour la plus futée du collège. → ....
3. Son frère qui est jardinier semble ravi de son travail.
→ ....

★★ 3 Barre et corrige les attributs du sujet mal accordés. Utilise la Méthode.

La jeune femme paraissait rêveuse. Ses mains restaient posés sur un livre qu'elle ne regardait pas. Soudain, deux jeunes garçons surgirent. Les enfants avaient l'air surexcité et elle s'anima soudain. Elle sembla ravi de les voir et ses gestes se firent tendre et câlins.

Corrections : ....

Qui va là ?

- **Une nuit de tempête, un homme voit apparaître à sa porte une créature mi-femme, mi-démone. Décris-la en employant ★ six, ★★ huit, ★★★ dix attributs du sujet.**
- **Varie les verbes attributifs.**
- **Souligne les attributs du sujet et relie-les à leur sujet que tu entoureras.**

40 Bien accorder le participe passé

J'apprends à…
maîtriser les accords pour écrire des phrases correctes.

J'observe

a. Souligne les participes passés et surligne les mots avec lesquels ils s'accordent quand c'est le cas.
b. ORAL Explique les accords.

Les dinosaures ont disparu depuis longtemps ! Cette vérité, je te l'ai déjà dite : elle est connue !

Je mémorise l'essentiel

- Le participe passé est une **forme impersonnelle du verbe**. Il est utilisé avec l'auxiliaire *être* ou *avoir* pour former un **temps composé**. Il peut aussi être employé sans auxiliaire, comme **adjectif**.

Méthode pour bien accorder les participes passés

Repère les participes passés et regarde s'ils sont **accompagnés d'un auxiliaire.**

- S'il n'y a **pas d'auxiliaire**, accorde le participe passé avec le nom qu'il complète.
  La jument fatiguée se repose au box.
- Si l'**auxiliaire** est *être*, cherche le sujet (*qui est-ce qui ?* + verbe) et accorde le participe passé avec ce sujet.
  La jument est sortie du box.
- Si l'**auxiliaire** est *avoir*, n'accorde pas le participe passé avec le sujet.
  Elle a brouté dans le pré.

Je m'entraîne

★ 1 Souligne les participes passés employés sans auxiliaire, surligne ceux employés avec *avoir* et entoure ceux employés avec *être*.

Pascaline, absorbée par ses pensées, est tombée sur la chaussée verglacée et elle a cassé son téléphone. Elle a décidé de l'apporter à un ami spécialisé dans la réparation des moyens de communication. Mais elle n'a pas eu de chance, car il était parti en vacances. Depuis, elle est obligée d'écrire des lettres à la main. Elle est un peu énervée !

★ 2 a. Souligne les participes passés employés sans auxiliaire et entoure ceux employés avec *être*.
b. Pour chaque participe passé, surligne le mot avec lequel il s'accorde.

1. Nos correspondants, enchantés de leur séjour ici, sont repartis ce matin.
2. Les élèves étaient allés chercher les livres bien rangés sur l'étagère de la bibliothèque.
3. Quand les figues gorgées de soleil seront tombées de l'arbre, nous les ramasserons.
4. Les flammes crachées par le dragon étaient montées jusqu'au sommet enneigé.

★★ 3 Souligne tous les participes passés et accorde-les si nécessaire. Utilise la Méthode.

1. Le public enchanté........... applaudissait la chanteuse tout ému........... de son succès.
2. Dès qu'ils sont arrivé........... sur scène, les artistes ont entonné........... leur première chanson.
3. Si Clara et Suza étaient rentré........... plus tôt, elles auraient assisté........... à la naissance des chatons.
4. Nous n'avons jamais su........... où les chiens avaient enterré........... leurs os dans le jardin !

4 Réécris les phrases en effectuant les modifications nécessaires.

1. Sa sœur est partie vivre à l'étranger. → Ses cousins ....
2. Le jardinier a taillé les rosiers du jardin. → Les jardiniers ....
3. Sophie a décoré la salle de spectacle. → Nous ....
4. Le scooter était tombé en panne, mais il est réparé.
→ Les scooters ....

Pour aller plus loin — Le participe passé employé avec l'auxiliaire *avoir*

- Si le **participe passé** est employé avec l'auxiliaire ***avoir***, on ne l'accorde jamais avec le sujet, mais on l'accorde avec le COD dans certains cas.

Méthode pour accorder le participe passé employé avec *avoir*

1. Cherche le **COD** en posant la question : *verbe + qui / quoi ?*
2. Accorde le participe passé avec le COD uniquement si le COD est placé **devant le verbe.** Le plus souvent, dans ce cas, le COD est un pronom personnel.
Joseph a acheté ***une affiche de Star Wars*** *(COD) et* ***l'*** *(COD) a fixée au-dessus de son lit.*

5 Transforme les GN COD en gras en pronoms personnels. Attention aux accords !

J'ai écrit une lettre. → Je l'ai écrite.

1. Nous avons mangé **trois pommes.** → ....
2. Paolo et Sylvain auraient rencontré **le directeur.** → ....
3. Qui a pris **ma trousse et ma gomme** ? → ....
4. Ma grand-mère a emballé **tous les cadeaux de Noël.** → ....
5. Jamais vous n'auriez oublié **une telle promesse** ! → ....
6. Oscar a guetté les étoiles filantes. → ....

6 Complète les phrases en veillant à l'accord des participes passés en gras.

1. Laetitia a appris .... ; elle l'a **récitée** devant la classe.
2. Maman avait acheté .... et nous les avons tous **dévorées.**
3. Élie a perdu .... ; heureusement, il l'a **retrouvé.**
4. Si sa marraine lui avait offert ...., Cendrillon les aurait toujours **portés.**
5. Jean a rencontré .... et les a **félicitées** pour leur concert.

7 Barre et corrige les cinq participes passés mal accordés.

Samedi dernier, les organisateurs du carnaval ont apprécié le beau temps. En effet, le soleil les a accompagné durant toute la manifestation. Les chars ont défilé dans les rues du village sur les rythmes longuement répété par la fanfare. La joyeuse procession a démarré à 16 h à l'école et est arrivé une heure plus tard place de la Mairie, où le jugement de Monsieur Carnaval a été prononcés par les enfants eux-mêmes. Pour terminer les festivités, les parents d'élèves ont offerts un goûter aux enfants.

Corrections : ....

8 Réécris chaque phrase en remplaçant le mot en gras par celui entre parenthèses. Effectue toutes les modifications nécessaires.

1. J'ai adoré ce **film** *(série)*. L'as-tu vu ? ……………………
2. Thibaut a acheté un nouvel **ordinateur** *(tablette)*, mais il l'a déjà cassé.
……………………
3. Morine a cherché son **sac** *(lunettes)* partout et elle ne l'a pas trouvé.
……………………
4. Pas très bien réveillé, **Timéo** *(les jumeaux)* est sorti dans la rue en pyjama !
……………………

9 ORAL À TROIS **Chacun(e) d'entre vous choisit un des verbes suivants : *rentrer*, *monter*, *ressortir*. Inventez une phrase où le participe passé sera employé avec *être*, une autre où il sera employé avec *avoir* sans COD devant et une dernière où il sera employé avec *avoir* et un COD devant. Dites vos phrases à votre voisin(e), qui devra épeler les terminaisons des participes passés.**

10 **Complète les phrases avec les participes passés des verbes suivants, en les accordant si nécessaire.**

aider • *dire* • *étudier* • *mettre* • *nicher* • *oublier* • *pondre* • *remercier* • *visiter*

1. Nous avons …………… une pièce de Molière et nous l'avons …………… en scène.
2. Les touristes ont …………… le passant qui les avait …………… à trouver leur chemin.
3. …………… au creux de l'arbre, la chouette a …………… trois œufs.
4. Quels pays Natacha a-t-elle déjà …………… ? Elle nous l'a ……………, mais j'ai …………….

11 RÉÉCRITURE **Réécris le texte en mettant les verbes au passé composé.**

Laetitia Colombani naît en 1976 à Bordeaux. Elle entre à l'école Louis Lumière, où elle obtient son diplôme. Elle tourne d'abord deux courts-métrages, puis réalise un long-métrage, *À la folie, pas du tout*. Elle écrit deux romans ; elle les publie en 2017 et 2019.

……………………
……………………
……………………
……………………
……………………

12 DICTÉE PRÉPARÉE **a. Surligne les participes passés. b.** ORAL **Justifie les accords.**
c. Recopie plusieurs fois les mots que tu ne connais pas pour les mémoriser.

Aujourd'hui, Lilou et Romane sont allées à Versailles. Elles n'avaient encore jamais visité le château. Elles ont d'abord découvert le jardin avec ses allées tracées au cordeau, puis elles sont entrées dans le palais où sont situés les Grands Appartements. La galerie des Glaces, pourvue de 357 glaces, les a émerveillées. Elles sont revenues enchantées.

Quel festival !

- **Tu t'es rendu(e) pendant deux jours à un festival de théâtre de rue. Fais le récit de ces deux journées. Écris :**

a. ★ huit phrases avec au moins huit participes passés ;
b. ★★ dix phrases avec au moins dix participes passés ;
c. ★★★ douze phrases avec au moins douze participes passés.

- **Varie l'emploi des participes passés : sans auxiliaire, avec *être* ou *avoir*, avec ou sans COD devant.**

41 Les expansions du nom et l'apposition

J'apprends à...
repérer et utiliser les groupes facultatifs pour enrichir la phrase.

J'observe

a. **Souligne les mots ou groupes de mots qui complètent les noms en gras.**
b. **Précise leur classe grammaticale.** **c.** **Essaie de les supprimer. Que remarques-tu ?**

Cet **objet** étrange aux contours aigus était posé sur une petite **table** dont le socle était en marbre.

....

....

....

Je mémorise l'essentiel

- Pour enrichir une phrase, on peut lui ajouter des **expansions du nom** : celles-ci **apportent des précisions** sur le **nom** ou le **groupe nominal**. Elles peuvent être supprimées.

L'**expansion du nom** est le plus souvent :

- un **adjectif** ou un **participe passé utilisé comme adjectif** ; il est placé juste avant ou après le nom. Sa fonction est **épithète** du nom. *une jupe rouge*
- un **groupe nominal** introduit par une **préposition** (groupe nominal prépositionnel = GNP). Sa fonction est **complément du nom (CDN)**. *une jupe en coton*
- une **proposition subordonnée relative** (= PSR). Sa fonction est **complément du nom (CDN)**. *une jupe qui arrive aux genoux*

- **Attention**, il ne faut pas confondre :

le GNP
- **CDN** : suit le nom et **peut être supprimé**. *J'ai pris le chemin* ***de la campagne.***
- **COI** : suit un verbe d'action et **ne peut pas être supprimé**. *Il a parlé* ***de la campagne.***

Je m'entraîne

★ **1** **Souligne les expansions des noms en gras.**

1. J'ai acheté de nouvelles **chaussures**. **2.** Des **tableaux** de maîtres sont accrochés dans son salon. **3.** Les **enfants** qui font partie de la chorale forment un **groupe** soudé. **4.** La **voiture** sous laquelle était caché le chat a démarré. **5.** Les **manuels** abîmés seront remplacés par des **livres** neufs. **6.** Elma a vu une formidable **pièce** de théâtre aux décors magnifiques.

★ **2** ORAL À DEUX **Chacun(e) à votre tour, choisissez un mot de la liste. Complétez-le avec trois types d'expansion du nom. Lisez-les à votre camarade, qui devra préciser la fonction de chaque type d'expansion.**

colibri • *triangle* • *gare* • *bonheur* • *frère* • *écharpe*

3 TOP CHRONO **a. En une minute, réécris la phrase suivante en ajoutant un maximum d'expansions du nom humoristiques pour l'enrichir. b.** ORAL **Précise la fonction de chaque expansion ajoutée.**

J'adore les gâteaux et les bonbons alors que ma sœur préfère les sandwichs et le pâté.

....

....

4 **a. Souligne les expansions du nom.**
b. Donne leur classe grammaticale et leur fonction.

1. Lisa a déchiré son chemisier en soie. ....
2. Peux-tu me prêter le livre dont tu m'as parlé ? ....
3. Ce singe fait des grimaces amusantes. ....
4. La maison où est née ma mère va être rénovée. ....
5. Le climat des tropiques ne te réussit pas ! ....
6. Je lis souvent ce magazine hebdomadaire. ....

5 **Remplace chaque CDN en gras par une épithète de même sens.**

1. J'ai écrit à mon correspondant **de Londres** / ....
2. Ce monstre a des pattes **avec des griffes** / ....
3. C'est la trêve **de l'hiver** / ....
4. Paul a cru voir un vaisseau **de l'espace** / ....
5. Ce sont des paroles **d'ami** / ....
6. Il faut une autorisation **des parents** / .... pour pouvoir sortir du collège.

6 **Souligne la phrase dans laquelle le mot ou groupe de mots en gras est une expansion du nom.**

1. a. Ismaël se souvient **de ses amis d'enfance**. b. Ismaël a rangé les souvenirs **de ses amis d'enfance**.
2. a. Les poules se nourrissent **d'épluchures de légumes**. b. J'ai fait un compost **d'épluchures de légumes**.
3. a. Voici la pièce **à peindre** ! b. Mes parents m'ont incité **à peindre**.
4. a. Anne regarde les photos **de ses vacances**. b. Anne profite pleinement **de ses vacances**.
5. a. Écartez-vous **de cette falaise dangereuse** ! b. Le bord **de cette falaise dangereuse** a été sécurisé.
6. a. Je rêve d'un **chocolat chaud** ! b. As-tu senti ce parfum de **chocolat chaud** ?

7 **Repère toutes les expansions du nom : souligne les adjectifs, surligne les GNP et entoure les PSR.**

Pendant nos vacances en bord de mer, nous avons assisté à un spectacle extraordinaire : une famille de dauphins est soudain apparue près de notre bateau à voiles ! Ils étaient si proches que nous pouvions voir leur peau bleutée qui luisait au soleil. Nous sommes restés admiratifs devant cette vision enchanteresse et leurs sauts acrobatiques que je n'oublierai jamais !

8 **Complète les phrases avec des expansions du nom en suivant les indications entre parenthèses.**

1. Pablo a acheté une affiche *(GNP-CDN)* ....
2. As-tu visité ce château *(subordonnée CDN)* ....
3. Pour Noël, j'ai eu un cadeau *(épithète)* ....
4. Le voisin a emprunté le coupe-bordure *(épithète + GNP-CDN)* ....
5. Je pourrai installer un logiciel *(subordonnée CDN)* ....
6. Léo a fabriqué une machine *(GNP-CDN + subordonnée CDN)* ....

Pour aller plus loin — L'apposition

- L'**apposition** apporte également des précisions sur le nom ou le GN.
On la reconnaît à ce qu'elle est détachée du nom qu'elle complète par une virgule.
Elle est le plus souvent un adjectif ou un GN.
Éblouissant, le soleil faisait mal aux yeux. → *Éblouissant : apposé au nom soleil*
Mon cadeau, un bouquet de fleurs, lui a plu. → ....
- **Attention :** pour repérer un **GN apposé**, il faut essayer de mettre le signe = entre le nom et l'apposition.
Les parcs, des jardins à la française, attirent de nombreux visiteurs. → *parcs = jardins à la française*

9 ★★ **Souligne les appositions des mots ou groupes de mots en gras.**

1. Pour mon anniversaire, j'ai invité **Esteban**, mon meilleur ami.
2. Cet **arbre**, très abîmé, doit être coupé.
3. **Jules César**, empereur de Rome, a réalisé de nombreuses conquêtes.
4. Mon **frère**, cet imbécile, a cassé mon portable.
5. Je rêve de visiter **Moscou**, la capitale de la Russie.
6. Cette **enfant**, vive et enjouée, était son rayon de soleil.

10 ★★ **a. Souligne la phrase dans laquelle le mot ou groupe de mots en gras est apposé.**
b. ORAL Justifie ton choix.

1. a. Ses cheveux **emmêlés** résistent au peigne. b. **Emmêlés**, ses cheveux résistent au peigne.
2. a. Les tableaux, **des Picasso**, sont très chers. b. Les tableaux **de Picasso** sont très chers.
3. a. Mon mois préféré, **mai**, commence demain ! b. J'adore le soleil **de mai**.
4. a. Son chant, **magnifique**, s'élevait dans la nuit. b. J'ai adoré son chant **magnifique**.
5. a. J'ai perdu **mon chien**. b. Médor, **mon chien**, est très câlin.

11 ★★★ **DÉFI À DEUX Au brouillon, chacun(e) enrichit la phrase minimale suivante en ajoutant des appositions à tous les mots en gras. Le premier/La première qui a terminé a gagné.**

Le **restaurateur** a organisé un **dîner** auquel il a convié plus de cent **personnes** qui ont pu tester plusieurs **plats**.

12 ★★★ **Donne la classe grammaticale et la fonction des expansions en gras. Précise quel mot chacune complète.**

La femme, **une femme galante (1)**, était célèbre pour son embonpoint précoce **qui lui avait valu le surnom de Boule de Suif (2)**. **Petite (3)**, ronde de partout, avec des doigts **bouffis (4)**, pareils à des chapelets **de courtes saucisses (5)**, la jeune femme restait cependant appétissante.

D'après **Guy de Maupassant**, *Boule de Suif*, 1880.

(1) ....
(2) ....
(3) ....
(4) ....
(5) ....

Du jamais vu !

- **Tu es journaliste et tu dois rendre compte du concours de lancer de chausson. Rédige un article de :**

a. ★ huit phrases en utilisant au moins six expansions du nom et deux appositions ;
b. ★★ dix phrases en utilisant au moins huit expansions du nom et trois appositions ;
c. ★★★ douze phrases en utilisant au moins dix expansions du nom et quatre appositions.

- **Varie les expansions du nom et souligne-les.**

42 Les compléments circonstanciels

J'apprends à...
repérer et utiliser les groupes facultatifs pour enrichir la phrase.

J'observe

a. Souligne les compléments qui peuvent être supprimés et déplacés.
b. Précise, pour chacun d'eux, quelle est sa fonction.

L'hiver dernier, à cause de sa bronchite, Léa a perdu sa voix. Pour guérir plus vite, elle s'est soignée avec des huiles essentielles.

....

....

Je mémorise l'essentiel

- Le complément circonstanciel (CC) est un groupe **facultatif** : on peut le supprimer et le déplacer. Sa **fonction** dans la phrase est de **préciser les circonstances de l'action**.

Méthode pour repérer les différents CC

CC de temps (CCT)	CC de lieu (CCL)	CC de manière
Quand ? *Depuis combien de temps ?* *Je passe mes vacances en Bretagne **depuis des années**.*	*Où ? D'où ? Par où ?* *Ben a oublié son téléphone **dans la cuisine**.*	*Comment ?* *De quelle manière ?* *L'homme s'approcha **silencieusement** du chien menaçant.*

CC de moyen	CC de but	CC d'accompagnement
Avec quoi ? *Au moyen de quoi ?* *Le voleur a brisé la vitre **avec sa chaussette lestée de pierres**.*	*Dans quel but ?* *Pour quoi faire ?* ***Pour faire son gâteau**, Léa a acheté de la farine.*	*Avec qui ?* *Les enfants sont allés au musée **avec leur professeur**.*

Je m'entraîne

★ **1 Donne la fonction précise des CC en gras. Utilise la Méthode.**

1. **D'un pas décidé** (................................), Laure se dirigea **vers le grand plongeoir** (................................).
2. **Pour rester en bonne santé** (............ ....), Ali a décidé d'aller **à vélo** (................................) au travail.
3. Ma grand-mère a planté des rosiers **dans le fond du jardin** (................................).
4. **Avec sa meilleure amie** (................................), Ismène s'entraîne **pour le marathon** (................................).
5. **À 10 h** (................................), la cloche retentit **bruyamment** (................................).
6. Mes voisins ont fait le tour de la Corse **en catamaran** (................................).

★ **2 Souligne les CCT et surligne les CCL. (Un indice : certaines phrases ne contiennent ni CCT, ni CCL.)**

1. Karl attend les vacances avec impatience. 2. Pendant les vacances, Karl est plus détendu. 3. Sur le chemin, les ronces empêchent de passer. 4. Les ronces ont envahi le chemin. 5. Ma ville préférée est Rome. 6. Les monuments, à Rome, sont vraiment majestueux. 7. Le jour de mon anniversaire, je suis toujours de bonne humeur. 8. J'adore le jour de mon anniversaire !

3 **Souligne les CC de manière, surligne les CC de moyen et entoure les CC de but. Utilise la Méthode.**

1. Afin de gagner de l'argent de poche, Martin entretient avec sérieux le jardin de ses voisins. 2. L'oiseau, avec son bec, toqua à la fenêtre pour réclamer des graines. 3. Le clocher de l'église a été rénové selon des techniques médiévales. 4. Pour ne pas être en retard, Slimane s'est habillé à toute allure. 5. Le jeune homme est arrivé en voiture de course dans l'espoir d'impressionner ses camarades.

4 **Donne la fonction précise des compléments en gras. Utilise la Méthode.**

1. Anna s'est lissé les cheveux **avec soin** (..................................). 2. **Avec son père** (..), Hamid est allé à la piscine. 3. Les migrants ont traversé la mer **avec difficulté** (..). 4. Les élèves ont fait une affiche **avec des feutres de différentes couleurs** (..). 5. **Avec beaucoup de conviction** (..), Cunégonde a supplié ses parents, qui l'ont autorisée à sortir **avec ses cousines** (..).

5 **a. Souligne les CC et surligne les COD et les COI. b. ORAL Précise la fonction des CC.**

Attention : le CO ne peut être ni déplacé ni supprimé.

1. Le cirque s'est installé sur la place du village depuis une semaine. 2. Ma sœur a offert un collier de nouilles à ma mère pour son anniversaire. 3. Dans son nid, la pie a caché un papier de bonbon brillant et une bague en or. 4. Dès le départ de ses parents, Angèle a organisé une fête avec ses amis. 5. Arthur a regagné sa place de cinéma, sur la pointe des pieds, pour ne déranger personne mais il s'est trompé de siège. 6. Le professeur a présenté un diaporama avec son vidéoprojecteur et il l'a commenté avec humour.

6 TOP CHRONO **En une minute, ajoute un maximum de CC à la phrase : « Leila a escaladé la montagne. »**

....

....

....

7 **Après avoir indiqué la fonction précise de chaque CC, rédige une phrase simple dans laquelle tu l'inséreras.**

1. afin de ne pas perdre la face : ....
→ ....
2. de manière sournoise : ....
→ ....
3. au cœur du village : ....
→ ....
4. avec une clé à molette : ....
→ ....
5. avec tous ses choristes : ....
→ ....
6. au début du XVIIIe siècle : ....
→ ....

8 **Complète les phrases en respectant les indications données.**

1. *(CC de manière)* ...., Tom a avoué qu'il avait volé des bonbons *(CC de d'accompagnement)* ....
2. *(CC de temps)* ...., Fatou a acheté un ticket de tombola *(CC de but)* ....
3. Le castor, *(CC de moyen)* ...., a taillé des bouts de bois *(CC de lieu)* ....

Pour aller plus loin — Les compléments circonstanciels de cause et de conséquence

• Le **complément circonstanciel de cause** (CC de cause) donne l'origine d'un fait ou d'une action. Il répond à la question : ***Pour quelle raison ?*** • Il est souvent introduit par les prépositions *à, pour, de, à cause de, faute de, grâce à, en raison de, à force de…* *Léo a été malade* ***à force de trop manger.***	• Le **complément circonstanciel de conséquence** (CC de conséquence) exprime le résultat d'une action. Il répond à la question : ***Avec quel résultat ?*** • Il est souvent introduit par *à, pour, au point de…* *Léo a trop mangé* ***au point d'être malade.***

9 ★★ **Coche la fonction des groupes de mots en gras.**

	CC de cause	CC de conséquence
1. Le centre-ville a été inondé **du fait des intempéries.**	....	....
2. Ton pull est assez long **pour cacher le trou dans ton pantalon.**	....	....
3. Mathias nous a fait pleurer **de rire.**	....	....
4. Il a peur du chien des fermiers **au point de refuser de passer devant leur portail.**	....	....
5. Lynda n'a pas réussi à terminer la course **faute d'un entraînement sérieux.**	....	....

10 ★★★ **a. Complète chaque phrase en ajoutant un CC. b. Précise la fonction du CC ajouté : cause, conséquence, but.**

1. Alexandre a gagné cette bataille **grâce à** ....
2. Zlatan est très moqueur **au point de** ....
3. Ma sœur a économisé pendant un an **de manière à** ....
4. Annie a manqué son train **faute de/d'** ....
5. Les joueurs se sont fait disqualifier **pour** ....
6. L'artiste a recommencé sa sculpture **jusqu'à** ....

11 ★★★ **a. Souligne tous les CC.**

La femme était emprisonnée depuis plusieurs mois dans cette sombre cellule sans fenêtre. Elle avait simplement volé un morceau de pain pour nourrir ses enfants. Du fait de l'humidité du cachot, elle avait froid. Elle tenta de se couvrir avec sa pauvre couverture, mais celle-ci était trop petite et mince pour la réchauffer. Elle commença à tousser au point d'étouffer. Tout d'un coup, elle entendit un bruit. Elle leva la tête et vit son gardien arriver avec un homme élégant. Ce dernier lui sourit avec chaleur.

b. Relève un complément circonstanciel :

- de temps : ....
- de lieu : ....
- de manière : ....
- de moyen : ....
- de but : ....
- d'accompagnement : ....
- de cause : ....
- de conséquence : ....

Un film génial !

- **Tu viens de voir un film tout à fait passionnant et tu écris à ton/ta meilleur(e) ami(e) pour le lui raconter. Rédige ta lettre en :**

a. ★ huit phrases en utilisant au moins cinq CC de fonctions différentes ;
b. ★★ dix phrases en utilisant au moins six CC de fonctions différentes ;
c. ★★★ douze phrases en utilisant au moins sept CC de fonctions différentes.

- **Souligne tous les CC.**

Je récapitule

43 La phrase simple

J'applique ce que j'ai appris pour...

analyser les fonctions dans la phrase et écrire des phrases simples correctes.

Je reconnais les différents types et formes de phrases

★ **1** **a. Indique à quel type appartient chacune des phrases. b. Surligne les phrases à la forme négative, souligne celles à la forme exclamative et entoure celles à la forme passive.**

1. Une personne a apporté des fleurs. (..............................) 2. Rien ne m'est impossible ! (..............................)

3. Ne pas éteindre les ordinateurs. (..............................) 4. Pas de café ? (..............................)

5. Quelle chanson émouvante ! (..............................) 6. Alice a été sélectionnée pour la finale. (..............................)

7. Qui connaît le peintre Monet ? (..............................) 8. Viens vite ! (..............................)

9. Le match ne sera-t-il pas retransmis à la télévision ? (..............................)

★★ **2** **Réécris les phrases à la forme négative.**

1. Quelqu'un a pris ton vélo. → .... 2. Pourquoi allez-vous au CDI ? → .... 3. Alphonse a déjà rendu son devoir. → ....

4. Fermez la porte à clé. → .... 5. Fermer la porte à clé. → .... 6. Ta mère t'a-t-elle donné son accord ? → ....

★★ **3** **Réécris les phrases à la forme passive.**

1. On livrera votre colis demain. → ....

2. Le loup de la fable dévore l'agneau. → ....

3. Le jury a félicité notre équipe. → ....

★★ **4** **a. Surligne l'intrus dans chaque série de phrases. b.** ORAL **Justifie tes réponses.**

1. Notre équipe a gagné ! • Le texte a été lu par Sarah. • Paul m'a invité.

2. Théo est attendu. • Jacques est démasqué. • Nédim est arrivé.

3. Il habite à Lille. • Il ne se passe rien. • Il mange des frites.

Je reconnais la fonction des mots ou groupes de mots dans la phrase

★★ **5** **a. Barre les groupes facultatifs. b. Souligne les sujets et relie-les à leur verbe.**

1. Pourquoi voulez-vous nager avec des bottes ? 2. À l'horizon, une voile d'une blancheur immaculée apparut bientôt. 3. Depuis l'aube, les éléphants marchaient en file indienne sans ralentir. 4. Pour intéresser son groupe, le guide, en arrêt devant le monument, montre des gargouilles amusantes. 5. Ces chamois en liberté sont magnifiques ! Durant nos promenades, nous admirons à chaque fois leur élégance.

★★ **6** **a. Complète les verbes avec un COD ou un attribut du sujet de ton choix. b. Souligne les attributs.**

1. Ces chaussettes bleues semblent .... Je mettrai ....

2. J'ai rencontré .... Ils paraissaient ....

3. .... peins-tu en ce moment ? Il sera certainement ....

★★ **7** ORAL À DEUX **À tour de rôle, complétez les phrases et indiquez ensemble la fonction (COD, COI, attribut du sujet) du ou des groupes obligatoires ajoutés.**

1. *Elle a l'air...* 2. *Tu ressembles...* 3. *Nous nous souvenons...* 4. *Vous semblez...* 5. *Je donne...*
6. *Vous deviendrez...* 7. *Elle relit...* 8. *Tu participes...*

8 **a. Souligne les COD et surligne les COI. b. Réécris les phrases en remplaçant les CO par des pronoms.**

1. Ce chien n'obéit pas du tout à son maître. → ....
2. Avez-vous croisé le cousin de Timothée hier ? → ....
3. Je rêve d'un énorme gâteau au chocolat et aux amandes ! → ....
4. J'ai déjà rendu son compas à Nédim. → ....
5. Luc a montré à ses amis son nouveau vélo. → ....

9 **Souligne les sept COD, surligne les trois COI et entoure les deux attributs du sujet.**

1. Avez-vous vu un bon film récemment ? 2. Les écrivains se souviennent de leur enfance et la racontent avec émotion. 3. Victor Hugo a perdu sa fille âgée de 18 ans ; il parle d'elle dans *Les Contemplations*. 4. Je dois lire à la classe ce poème ; il est très beau. Je le lirai lentement et on m'écoutera attentivement. 5. Ce film ne semble pas intéressant ; je ne le regarderai pas.

10 **Précise la fonction des CC en gras.**

> **Souvent** (...............) **sur la montagne** (...............), **à l'ombre d'un vieux chêne** (...............),
> **Au coucher du soleil** (...............), **tristement** (...............) je m'assieds ;
> Je promène **au hasard** (...............) mes regards **sur la plaine** (...............),
> Dont le tableau changeant se déroule **à mes pieds** (...............).

Alphonse de Lamartine, « L'isolement » (extrait), *Les Méditations*, 1820.

11 **a. Surligne les COI et souligne les CC. b. Entoure les huit CDN.**

Attention : les CDN peuvent être inclus dans d'autres compléments.

1. À la mairie de Lorient, l'an dernier, j'ai participé à un grand spectacle de danse. 2. Je vais inventer une machine à traduire les rêves. 3. Je pense très souvent à toi et je me souviens de nos randonnées à vélo. 4. Ton chien ressemble à un veau ! Le tien semble être un rat d'égout. 5. Pourquoi te moques-tu toujours de ma sœur ? 6. Ne touche pas au doudou de mon petit frère ! 7. Durant la première semaine des vacances, nous avons manqué de courage et nous avons renoncé à nos projets sportifs. À présent, nous le regrettons et nous préparons une sortie à skis.

12 **a. Souligne les verbes à un mode personnel et surligne leur sujet.**
b. Donne la fonction des mots ou groupes de mots facultatifs en gras.

> **Sur une route**, derrière la grille **d'un vaste jardin**, au bout duquel apparaissait la blancheur **d'un joli château** frappé par le soleil, se tenait un enfant **beau** et frais, habillé de ces vêtements de campagne si pleins de coquetterie.

Charles Baudelaire, « Le joujou du pauvre » (extrait), *Le Spleen de Paris*, 1869.

Sur une route : ....
d'un vaste jardin : ....
d'un joli château : ....
beau : ....

13 **Donne la fonction des mots ou groupes de mots en gras.**

Malade (1), Molière compose **une comédie** (2) dans laquelle il se moquera une fois encore **des médecins** (3). Il imagine Argan, **le malade imaginaire** (4), et écrit ce rôle **pour pouvoir le jouer lui-même assis dans un fauteuil** (5). Argan a une fille **amoureuse** (6) de Cléante mais il a décidé de la marier **très bientôt** (7) à Thomas Diafoirus. Thomas a l'air **d'un garçon stupide** (8). Angélique ne veut pas **l'**(9)épouser.

(1) ....
(2) ....
(3) ....
(4) ....
(5) ....
(6) ....
(7) ....
(8) ....
(9) ....

J'écris et je corrige

Méthode pour relire ce que tu as écrit

1. **Souligne les verbes** et relie-les à leur **sujet**.
Les hirondelles, sur le toit, préparent leur départ.

2. Repère les **verbes d'état** (ou **verbes attributifs**). Entoure les **attributs du sujet** et relie-les au **sujet**.
*Joséphine et Maria **sont tombées** malades en même temps.*

3. Surligne les **participes passés** et regarde s'ils sont employés avec ***avoir***, ***être*** ou **sans auxiliaire**.
Rappelée, la pianiste est revenue sur scène et a joué deux morceaux que Mozart avait composés enfant.

★★ 14 **Surligne la forme entre parenthèses qui convient et souligne le mot ou le groupe de mots qui justifie ton choix.**

1. Chacun de vous, à tour de rôle, (lance / lancent) la boule ; la plupart des joueurs (arrive / arrivent) à toucher quelques quilles mais peu les (renverse / renversent) toutes. **2.** On (prépare / préparent) des crêpes et on les (mange / manges) ! **3.** Ces tailleurs de pierre (semble / semblent) de (véritable artiste / véritables artistes). **4.** Marie, (es / est)-tu (sûr / sûre) de pouvoir venir ? Tu nous (semble / sembles) (fatigué / fatiguée).

★★ 15 **a. Complète si nécessaire la terminaison des participes passés. b. ORAL Justifie tes choix.**

Toutes les deux, nous avons décidé........... d'écrire un roman historique. Nous sommes allé........... voir notre professeur d'histoire et il nous a aidé........... à trouver un thème. Passionné........... par la mythologie, Julia aurait voulu........... une intrigue situé........... au XIIe siècle av. J.-C. Mais je me suis rebellé........... : les héros antiques sont trop violents et je ne les ai jamais aimé........... ! J'ai expliqué........... que j'étais attiré........... par le XXe siècle. Le professeur nous a alors suggéré........... d'écrire sur les héros de la Résistance et nous avons réussi........... à nous mettre d'accord.

★★★ 16 **a. Barre et corrige les sept mots mal accordés. b. ORAL Justifie tes corrections**

Avez-vous notés que de nombreux romans se terminent mal ? Ceux de Hugo ou de Zola que j'ai lu sont très sombres. Les romanciers seraient-ils pessimiste ? Composée et jouée pour nous faire rire, les comédies, au contraire, nous offre un dénouement heureux. Dans ces pièces, à notre plus grande joie, triomphent enfin l'amour.

Corrections : ....

★★★ 17 **DICTÉE PRÉPARÉE a. Repère les verbes conjugués à un mode personnel et souligne leur sujet.**
b. Surligne les attributs du sujet et entoure les participes passés.
c. Recopie plusieurs fois les mots que tu ne connais pas pour les mémoriser.

Ils étaient tous partis voir dans la vallée, une filature de lin ; celle-ci semblait nouvelle. Justin les accompagnait, portant des parapluies sur son épaule. Rien pourtant n'était moins curieux que cette curiosité : un grand espace de terrain vide, où se trouvaient quelques roues d'engrenage déjà rouillées, entourait un long bâtiment que perçaient quantité de petites fenêtres. Attaché au pignon, un bouquet de paille entremêlé d'épis faisait claquer au vent ses rubans tricolores. Les fillettes les auraient bien voulus.

D'après **Gustave Flaubert**, *Madame Bovary*, 1857.

Du jamais vu

- **Elsa a réussi à pénétrer dans un laboratoire ultrasecret et, cachée, elle assiste à une expérience scientifique étonnante. Elle raconte son aventure dans un court récit au passé composé.**
- **Emploie : a. ★ quatre, b. ★★ six, c. ★★★ huit éléments de la liste sans les modifier.**
se trouvaient • terrifiée • décidé • revenus • aperçue • regardé • éprouvé • fini • vibrait • découverts

J'évalue mes progrès

44 La phrase simple

1 **Indique la fonction des mots ou groupes de mots en gras.**

Natalia (1), pelotonnée dans son lit, dormait d'un sommeil agité. Elle se redressa **brusquement** (2). Un bruit **sourd** (3) n'avait-il pas retenti **au point de la réveiller** (4) ? Dans l'obscurité, s'ouvrit alors **la porte de sa chambre** (5). **Tétanisée** (6), elle aperçut quelqu'un dans la lumière **du couloir** (7). Était-ce **un fantôme** (8) ? Elle doutait **de son existence** (9). Alors, elle jeta sa lampe de chevet sur l'ectoplasme. Celle-ci **le** (10) traversa…

(1) : …………………… • (5) : …………………… • (8) : …………………… •
(2) : …………………… • (6) : …………………… • (9) : …………………… •
(3) : …………………… • (7) : …………………… • (10) : …………………… •
(4) : ……………………

……/20

2 **Barre les phrases incorrectes et corrige-les.**

1. À son voisin, Marco dit bonjour. 2. Viendrais-tu avec moi voir ce film ! 3. Je lui ai offert des roses. 4. Elle les adores. 5. Mirella, toujours casse-cou, est tombée de la balançoire. 6. Partout dans le jardin apparaissait des trous de taupes. 7. Mes meilleurs amis sont devenus ennemis. 8. Les hirondelles sont pas revenues. 9. Méthodiques, les bâtisseurs mettaient des années à construire une cathédrale. 10. Cette console, je l'ai tellement attendu !

Corrections : ……………………………………………………

……/20

3 **Écris ici la dictée lue par ton professeur ou, en autonomie, écoute-la en flashant le QR code®.**

……………………………………………………

accords des verbes avec leur sujet ……/11
accords des attributs du sujet ……/2
accords des participes passés ……/7

J'évalue mes compétences

	☹	😐	🙂
1. Je sais reconnaître la fonction des groupes obligatoires et facultatifs dans la phrase simple.			
2. Je sais reconnaître les phrases simples correctes et corriger les phrases incorrectes.			
3. Je sais maîtriser les accords dans la phrase (dans une dictée).			

☹ Entre 0 et 10 · 😐 Entre 11 et 15 · 🙂 Entre 16 et 20

Je fais le point

45 La phrase complexe

Je révise

- On appelle **proposition** un ensemble constitué d'un **verbe conjugué à un mode personnel** et des **groupes qui le complètent**.
  Une **phrase complexe** comporte **au moins deux propositions** (= au moins deux verbes conjugués à un mode personnel).
  *[J'**ai rangé** ma chambre] car [c'**était** le bazar] !*
- **La construction de la phrase complexe :**

Les trois façons de construire une phrase complexe

- La **juxtaposition** : les propositions sont **séparées** par un **signe de ponctuation** (virgule, point-virgule, deux-points).
  Je suis en retard : mon réveil n'a pas sonné.
  ....
- La **coordination** : les propositions sont **reliées**, le plus souvent, par une **conjonction de coordination**.
  *Je suis en retard **car** mon réveil n'a pas sonné.*
  ....
- La **subordination** : la **proposition subordonnée** est reliée à la **principale** par un **mot subordonnant** (pronom relatif, conjonction de subordination…).
  *Je suis en retard **parce que** mon réveil n'a pas sonné.*
  ....

- Les propositions **subordonnées** ne peuvent être employées seules.
  Elles **complètent** une proposition **principale** et ont les **mêmes fonctions que les groupes de mots** dans la phrase simple : sujet, CO, attribut du sujet, CC ou expansion du nom.
  [J'espère] (Prop. principale) *[que tu as fait un bon voyage].* (Prop. subordonnée, COD du verbe ***espère***)
  [L'enfant a commandé le dessert] (Prop. principale) *[qui lui faisait envie].* (Prop. subordonnée, CDN ***dessert***)

Méthode pour écrire une phrase complexe correcte

1. Lis la phrase à haute voix pour vérifier qu'elle a un **sens complet**.
   (**Attention :** pas de subordonnée sans principale.)
2. N'oublie pas la **majuscule** et la **ponctuation finale**, ainsi que la virgule, le point-virgule ou les deux-points entre les propositions juxtaposées.
3. Vérifie que tu as bien respecté les **accords** dans la phrase.

Je m'entraîne

DÉFI ORAL À DEUX **L'un(e) de vous invente une phrase simple. L'autre la répète et la complète avec une proposition, puis il/elle invente une autre phrase à compléter.
Celui/Celle qui se trompe ou qui n'a plus d'idée au bout de quatre minutes a perdu.**

J'évalue ce que je sais déjà

1 **a. Mets chaque proposition entre crochets.**
b. Précise la façon dont elle est reliée : juxtaposition, coordination ou subordination.
c. Surligne l'indice qui t'a aidé(e) à répondre.

1. Ferme la fenêtre si tu ne veux pas avoir froid. ....
2. La sonnerie de la fin de la récréation a retenti donc les élèves sont rentrés en classe. ....
3. Ma voiture ne démarre pas : la batterie est à plat. ....
4. Idriss vient de s'offrir un blouson qui lui va vraiment très bien. ....
5. Je viens de terminer ce manga et je l'ai adoré mais l'auteur n'en a écrit qu'un. ....
6. Quand tu es revenu de chez le coiffeur, je t'ai à peine reconnu parce que cette coupe te change vraiment !

..../20

2 **Souligne les subordonnées et précise leur fonction.**

1. Le client s'attendait à ce que le devis soit moins cher. ....
2. L'étang où j'ai pêché ces carpes n'est pas loin d'ici. ....
3. Esteban espérait que Zohra réponde à son SMS. ....
4. Que tu chantes comme une casserole ajoute à ton charme. ....
5. La couturière a défait l'ourlet de ce pantalon afin qu'il soit à la mode. ..../20

3 **a. Surligne les phrases correctes.**
b. Barre les phrases incorrectes et corrige-les.

1. Si Astrid veut faire un marathon, elle doit s'entraîner sans relâche. 2. Pour que tu sois plus tranquille. 3. Allume la lumière on ne voit plus rien. 4. Que tu ne peux pas comprendre ce sont des choses. 5. Le chat a été attaqué par le chien du voisin et il en a maintenant tellement peur qu'il n'ose plus sortir de la maison. 6. La maison où ma mère est née n'existe plus depuis longtemps. 7. J'ai tellement mangé de cerises que. 8. Cette catastrophe est malheureusement ce dont je craignais. 9. Les gens qui mentent ne sont pas dignes de confiance. 10. Allume sous : la casserole et ; mets le couvert.

Corrections : ....

....

....

....

....

..../20

J'évalue mes compétences

	:(	:|	:)
1. Je sais isoler les propositions et identifier la façon dont elles sont associées.			
2. Je sais préciser la fonction des propositions subordonnées.			
3. Je sais reconnaître les phrases complexes correctes et corriger les phrases incorrectes.			

:(Entre 0 et 10 :| Entre 11 et 15 :) Entre 16 et 20

46 Juxtaposition, coordination et subordination

J'apprends à...
analyser et construire des phrases complexes correctes.

J'observe

a. Barre la phrase incorrecte et explique l'erreur. b. Propose une correction.

1. Roméo regarde Juliette ; il aimerait lui parler. 2. Parce que leurs familles sont ennemies.

....

....

Je mémorise l'essentiel

- Dans une phrase complexe, les propositions peuvent être associées de trois façons : par **juxtaposition**, **coordination** ou **subordination**. (→ Fiche 45)

Méthode pour repérer la construction d'une phrase complexe

1. **Souligne** les **verbes conjugués** à un mode personnel et **mets** les **propositions** entre **crochets**.
2. Entoure les **mots subordonnants** pour repérer les **propositions subordonnées** : elles ne peuvent pas être utilisées seules et complètent une **proposition principale**.

   [Le roi veut] [que Rodrigue et Chimène se marient]. ....
   Prop. principale — Prop. subordonnée

3. Si les propositions ne sont ni subordonnées ni principales, ce sont des **propositions indépendantes** : elles forment une phrase correcte à elles seules.
4. Si les propositions indépendantes sont reliées par une **conjonction de coordination** ou un **adverbe de liaison** (*alors, puis, aussi, pourtant*...), elles sont **coordonnées.**

   [L'infante aime Rodrigue] ***donc/alors*** *[elle souffre].* ....
   Prop. indépendante — Prop. indépendante

5. Si les propositions indépendantes sont séparées par un **signe de ponctuation**, elles sont **juxtaposées.**

   [Rodrigue est un héros] ; [tous l'admirent]. ....
   Prop. indépendante — Prop. indépendante

Attention : une phrase complexe peut contenir plus de deux propositions : une principale et sa/ses subordonnée(s), et une ou plusieurs propositions indépendantes.
[Je ne sais pas] [qui a mangé la dernière part du gâteau] mais [je le découvrirai bientôt].

Je m'entraîne

★ **1 Réunis les deux phrases simples pour construire des phrases complexes en suivant les indications.**

1. Le rosier est mort. Il n'a pas assez plu.

Coordination : ....

Subordination : ....

2. Tu as fini tes devoirs. Nous pouvons sortir !

Juxtaposition : ....

Subordination : ....

★ **2** ORAL À QUATRE **Chacun(e) écrit au brouillon une proposition indépendante. À tour de rôle, chacun(e) la lit et demande à un(e) autre de la compléter avec une proposition juxtaposée, coordonnée ou subordonnée.**

3 **a. Soulig‌ne les phrases complexes et mets chacune de leurs propositions entre crochets.**
b. ORAL Indique comment les propositions sont associées.

L'ouvrage manqua et il n'y eut plus ni feu ni pain. L'homme, la fille et l'enfant eurent froid et faim. L'homme vola. Je ne sais ce qu'il vola. Je ne sais où il vola.

D'après **Victor Hugo**, *Claude Gueux*, 1834.

4 **a. Mets les propositions subordonnées entre crochets. b. Souligne les propositions principales.**

Je vais te raconter une histoire dont je me souviendrai toujours. Dimanche, j'ai attendu une heure le bus scolaire qui ne venait pas. Je m'étais levé parce que je pensais être lundi. Quand on a changé d'heure, je suis arrivé une heure trop tôt au collège. J'avais oublié de régler le réveil qui est sur ma table de nuit. Puisque tu connais mon étourderie, aide-moi à faire attention. Je vais t'expliquer la solution à laquelle je pense.

5 **Complète chaque proposition subordonnée avec une proposition principale.**

1. .... que j'ai réussi à composer pour la fête du collège ?
2. Comme tu as un peu de temps aujourd'hui, ...
3. Bien que ce concours soit difficile, ...
4. .... où vont tous ces oiseaux migrateurs.

6 **Complète chaque proposition principale avec une proposition subordonnée.**

1. J'ai acheté un chapeau ....
2. .... nous nous sommes réfugiés dans une bergerie.
3. Je n'ai pas mes clés ....
4. J'ai allumé la lumière du jardin ....

7 **Mets les propositions subordonnées entre crochets, souligne les propositions principales et surligne les propositions indépendantes. Utilise la Méthode.**

Monsieur Jourdain est un personnage de Molière qui rêve d'être un noble. Il fait appel à des professeurs pour qu'ils lui apprennent la musique, la danse et la philosophie. Monsieur Jourdain est très riche. Il commande à son tailleur un costume prétentieux qui est ridicule. Il veut que sa fille épouse un noble. La jeune fille n'est pas d'accord. Lucile aime Cléonte et ils veulent se marier. Le jeune homme fait croire à Monsieur Jourdain qu'il est un noble turc amoureux de sa fille.

8 **a. Transforme chaque phrase simple en phrase complexe en ajoutant deux propositions.**
b. Mets les propositions subordonnées entre crochets, souligne les propositions principales et surligne les propositions indépendantes.

1. Nous prendrons nos sacs à dos. → ....
....
2. Maëva a un magnifique pull. → ....
....
3. Avez-vous déjà entendu l'histoire du *Horla* ? → ....
....

L'indispensable trucatou !

- **Imagine un objet, le « trucatou », puis rédige :**
  a. ★ dix, b. ★★ douze, c. ★★★ quinze phrases complexes pour vanter ses merveilleuses qualités.
- **Mets les propositions entre crochets. ORAL Précise comment elles sont associées.**

J'apprends à...
analyser la phrase complexe.

47 La nature des propositions subordonnées

J'observe

a. Souligne le pronom relatif, surligne la conjonction de subordination et entoure le mot interrogatif.

1. Demande à Paul **pourquoi il boite.** 2. Il boite **parce qu'il est tombé.** 3. L'escalier **qui mène au stade** est glissant.

b. D'après toi, dans quelle phrase la subordonnée en gras est-elle appelée :
« relative » ? La phrase .... ; **« conjonctive » ?** La phrase .... ; **« interrogative indirecte » ?** La phrase ....

Je mémorise l'essentiel

- La **nature d'une proposition subordonnée** dépend de la **classe grammaticale du mot subordonnant qui l'introduit.**
- Si le mot subordonnant est un **pronom relatif** (*qui, dont, auquel*...), c'est une **subordonnée relative**.
  Tu m'as prêté des ciseaux ***qui ne coupent pas.***
- Si le mot subordonnant est une **conjonction de subordination** (*que, parce que, afin que*...), c'est une **subordonnée conjonctive**. *J'ai appelé Léonie* ***pour qu'elle nous aide.***

Méthode pour distinguer pronom relatif et conjonction de subordination

1. Mémorise les principaux **pronoms relatifs** (*qui, que, quoi, dont, où, lequel, laquelle, duquel, avec lequel*...) et des principales **conjonctions de subordination** (*que, quand, lorsque, parce que, puisque, dès que, afin que, pour que, étant donné que*...).
2. Pour vérifier que le mot subordonnant est un **pronom relatif**, regarde si tu peux le remplacer par son antécédent (en général, il est placé juste avant).
   J'ai vu un garçon qui te cherchait. → Un garçon te cherchait. « Qui » est un pronom relatif.

Je m'entraîne

1 ★ **a. Dans les subordonnées entre crochets, souligne les quatre pronoms relatifs. b. Entoure leur antécédent. Utilise la Méthode. c. Surligne les subordonnées relatives.**

1. Le phare [que nous apercevons au loin] a été érigé au XVIIIe siècle. 2. L'architecte naval dessine un cargo [qui aura des voiles]. 3. Sais-tu [que les marées sont liées au cycle de la lune] ? 4. J'aimerais savoir [où le capitaine compte nous emmener]. 5. Vous embarquerez sur le voilier [dont vous apercevez au loin les mâts] 6. L'île [à laquelle tu penses] est infestée de crabes géants.

2 ★ **Complète chaque phrase avec une proposition subordonnée relative. Varie les pronoms.**

1. Peux-tu me prêter le stylo ....?
2. La maison .... a été détruite.
3. J'ai visité un parc naturel ....

3 ★★ **a. Mets entre crochets les propositions subordonnées.**
b. Souligne les quatre conjonctions de subordination. Utilise la Méthode.
c. Surligne les subordonnées conjonctives.

1. Je pense que tu as raison. 2. J'ai aéré ta chambre pour que tu dormes mieux. 3. Quand on annonce de la pluie, fermez les fenêtres ! 4. Le chêne qui est au fond du parc est très vieux. 5. Je ne sais pas du tout où se trouve ce pays. 6. Pendant que tu repeignais les volets, j'ai lessivé la cuisine.

Pour aller plus loin — La subordonnée interrogative indirecte

- Si le mot subordonnant est un **mot interrogatif** (*pourquoi*, *à quoi*…), la proposition subordonnée est une **subordonnée interrogative indirecte**.
Je demanderai à Léo **comment** *s'appelle son chien.*

4 ★★ **a. Indique, pour chaque mot ou groupe de mots en gras, s'il s'agit d'un pronom relatif, d'une conjonction de subordination ou d'un mot interrogatif.**
b. Mets les propositions subordonnées entre crochets.
c. ORAL Précise la nature de chaque proposition : relative, conjonctive ou interrogative indirecte.

1. Le roman **dont** (……………………………………) nous avons étudié un passage est une œuvre d'Agatha Christie.
2. J'ai commandé un taxi **afin que** (……………………………………………………) nous soyons à l'heure à l'aéroport.
3. Je me demande **pourquoi** (……………………………………) tu dis cela.
4. Le bonnet **qui** (……………………………………) a été oublié dans le gymnase est rouge et blanc.

5 ★★ **a. Mets entre crochets les propositions subordonnées. b. Souligne les cinq mots interrogatifs.**
c. Surligne les subordonnées interrogatives indirectes.

1. J'ai oublié de te demander quel thème tu avais choisi pour ton exposé.
2. Nous n'avons jamais compris pourquoi cette salle était toujours fermée.
3. J'ignore qui m'a envoyé toutes ces fleurs et tous ces chocolats.
4. Le fleuriste dont tu m'as parlé confectionne de magnifiques bouquets.
5. Montre-moi comment tu jongles avec les assiettes en porcelaine de ta grand-mère.
6. Personne ici ne connaît le pays d'où je viens.
7. Je voudrais savoir à quelle heure l'avion en provenance de Tananarive doit atterrir.

6 ★★ **Complète chaque phrase avec une subordonnée interrogative indirecte. Varie les mots interrogatifs.**

1. Je cherche à savoir ……………………………………………………………………
2. Line m'a demandé ……………………………………………………………………
3. Hector ne sait pas ……………………………………………………………………
4. Nous ignorons totalement ……………………………………………………………………

7 ★★★ **Souligne les trois subordonnées relatives, surligne les cinq subordonnées conjonctives et entoure les deux subordonnées interrogatives indirectes. (Un indice : il y a une subordonnée par phrase.)**

Eugénie Grandet avait compris que son père aimait passionnément l'argent. Elle savait qu'il préférait sa fortune à sa fille. Quand son cousin Charles fut chassé de la maison, elle lui donna ses pièces d'or sans hésiter. C'était un petit trésor que son père avait constitué pour elle au fil des années. Elle savait que son père ne le lui pardonnerait jamais cette générosité. Elle ne se demanda pas comment elle allait affronter sa colère. Elle voulait aider le jeune homme parce qu'elle l'aimait. Mais Charles, qui était insouciant, ne mesura pas la force de cet amour. Il accepta l'or qu'elle lui offrait et lui promit de la rembourser une fois fortune faite. Je vous laisse deviner quelles souffrances l'héroïne de Balzac a ensuite endurées.

Quel talent !

- **Effectue quelques recherches pour présenter un écrivain ou un artiste que tu admires. Écris : a. ★ huit, b. ★★ dix, c. ★★★ douze phrases contenant chacune une proposition subordonnée.**
- **Utilise des subordonnées de différentes natures.**
- **À DEUX Échangez vos textes. Relevez les propositions subordonnées et précisez leur nature.**

48 Les propositions subordonnées obligatoires

J'apprends à...
repérer et utiliser les subordonnées obligatoires pour écrire des phrases complexes correctes.

J'observe

a. Surligne les COD et souligne les COI des verbes en gras. b. Qu'observes-tu ?

1. J'**ai vu** des hirondelles. 2. J'**ai vu** que les hirondelles étaient arrivées. 3. Je me souviens de cette aventure.
4. Je **me souviens** de ce qui nous est arrivé.

....

....

Je mémorise l'essentiel

- Les propositions subordonnées obligatoires (= qui ne peuvent être supprimées) ont les **mêmes fonctions** que les groupes obligatoires dans la phrase simple.

Les fonctions dans la phrase

- **Sujet du verbe** (*Qui est-ce qui / Qu'est-ce qui ?* + verbe)
  - *Ton sourire me rend heureux.* — Phrase simple
  - *Que tu souries me rend heureux.* — Phrase complexe
- **Attribut du sujet** (On peut mettre le signe = entre le sujet et l'attribut.)
  - *L'essentiel est d'être heureux.* — Phrase simple
  - *L'essentiel est que tu sois heureux.* — Phrase complexe
- **COD du verbe** (Verbe + *qui / quoi ?*)
  - *Je devine tes motivations.* — Phrase simple
  - *Je devine pourquoi tu agis ainsi.* — Phrase complexe
- **COI du verbe** (Verbe + *à qui / à quoi, de qui / de quoi ?*)
  - *Je tiens à notre amitié.* — Phrase simple
  - *Je tiens à ce que nous restions amis.* — Phrase complexe

Je m'entraîne

★ **1** **a. Souligne les propositions subordonnées. b. Surligne celles qui sont obligatoires.**

1. Nous avons des correspondants espagnols qui nous rendent visite en janvier. 2. Nous espérons qu'ils se plairont chez nous. 3. Je crois qu'ils seront un peu inquiets au début. 4. Ils doivent penser qu'on mange des escargots tous les jours. 5. Mais ils seront rassurés quand ils verront les frites servies à la cantine. 6. Nous organisons des visites originales qui leur plairont sûrement. 7. J'espère qu'ils nous accueilleront aussi bien au mois de mai.

★ **2** **a. Complète le verbe de chaque phrase avec une subordonnée obligatoire. b. Souligne la subordonnée qui est sujet. c. ORAL Indique la fonction des autres subordonnées.**

1. Les gardes forestiers ont constaté ....
2. Imagine ....
3. Quand as-tu remarqué ....
4. .... me semble tout à fait impossible.
5. Le professeur de maths a proposé ....
6. J'aimerais bien savoir ....

★ **3** DÉFI À DEUX **Choisissez un thème. Chacun(e) exprime son avis sur ce thème en utilisant un verbe d'opinion complété par une subordonnée obligatoire.**
Celui/Celle qui a écrit le plus de phrases en trois minutes a gagné.

Verbes suggérés : *estimer* • *penser* • *croire* • *assurer* • *imaginer* • *trouver* • *savoir* • *répéter*

*Exemple : J'**estime** que la sortie au cinéma nous a permis de découvrir un film émouvant.*

★ **4** **a. Complète chaque phrase en ajoutant une proposition principale.**
b. ORAL **Donne la fonction des propositions subordonnées.**

1. .... que la baignade est dangereuse sur cette plage.
2. Que tu sois capable de manger deux kilos de pâtes ....
3. .... que tu remets toujours ton travail à demain.
4. .... pourquoi tu regardes en l'air en marchant.

★★ **5** **a.** ORAL **Donne la fonction des groupes en gras. b. Réécris chaque phrase en la remplaçant par une proposition subordonnée de même sens.**

1. Le gardien nous a annoncé **une coupure d'eau ce soir.**

→ ....

2. On espère de votre part **une participation active à l'organisation de la fête du collège.**

→ ....

3. Nos voisins ont décidé **la construction d'une tour de vingt mètres dans leur jardin.**

→ ....

4. Ma tante a promis **de nous emmener au Futuroscope.**

→ ....

★★ **6** ORAL À DEUX **Chacun(e) à votre tour, complétez chaque proposition principale avec une proposition subordonnée obligatoire dont vous préciserez la fonction.**

1. Je ne savais pas… 2. As-tu compris… 3. La meilleure solution est… 4. Laura se demande… 5. Je ne me souviens pas du tout… 6. Pourquoi racontes-tu… 7. Je t'ai déjà dit… 8. Notre intention est… 9. Je suis sûr… 10. Noé a parié…

★★ **7** **Souligne chaque subordonnée et précise sa fonction.**

1. Que Léa remporte le concours de poésie n'a étonné personne. ....
2. Je crois qu'elle a brillamment défendu sa position. ....
3. Vous intéressez-vous à ce qui se passe dans le monde ? ....
4. J'espère que cette pièce est amusante. ....
5. La morale de « La Cigale et la Fourmi » est que ni les avares ni les insouciants ne sont des modèles à suivre.

....

★★ **8** **a. Précise la fonction des groupes de mots en gras.**
b. Réécris chaque phrase en la remplaçant par une proposition subordonnée de même sens.

1. **La victoire de notre équipe** serait un tremplin pour le championnat. ....

→ ....

2. La raison de ton échec est d'abord **ton manque d'implication.** ....

→ ....

3. Est-ce que ce métier correspond **à tes attentes** ? ....

→ ....

4. L'hôtesse de l'air vérifie **la fermeture des portes.** ....

→ ....

Pour aller plus loin — La nature des propositions obligatoires

- La proposition subordonnée obligatoire est soit une **subordonnée conjonctive** **introduite par *que***, soit une **subordonnée interrogative indirecte**.

Méthode pour identifier une proposition subordonnée interrogative indirecte

1. Vérifie que la subordonnée est obligatoire (on ne peut pas la supprimer).
Je me demande [quand nous irons en finale] : subordonnée obligatoire.

2. Vérifie que tu peux réécrire la subordonnée obligatoire sous la forme d'une question.
Je me demande [quand nous irons en finale]. → Quand irons-nous en finale ?
Prop. sub. interrogative indirecte

Attention : le sujet n'est pas inversé dans la subordonnée interrogative indirecte.

★★ 9 Dans chaque couple de phrases, souligne les subordonnées et surligne la subordonnée interrogative indirecte. Utilise la Méthode.

1. Je ne sais quand est le prochain train pour Amsterdam. Quand je serai à Amsterdam, je me promènerai le long des canaux. **2.** Tu as déjà lu tous les romans que Zola a écrits ! Je t'ai déjà demandé ce que tu voulais faire samedi. **3.** Le commissaire ignore encore qui a laissé la fenêtre ouverte. On recherche activement le cambrioleur qui a emporté tous les bijoux. **4.** Je voudrais savoir où se cache cette mygale. Le tiroir où j'ai rangé mes clés est bloqué !

★★★ 10 À partir de chaque question, écris une phrase contenant une proposition subordonnée interrogative indirecte.

1. Qui a pris mes gants ? → Je voudrais savoir ....
2. Pourquoi racontes-tu cette histoire ? → Explique-moi ....
3. Ai-je assez salé mon gratin ? → Je me demande ....
4. Comment faites-vous ce nœud ? → Montrez-moi ....
5. Veux-tu essayer le parapente ? → Dis-nous ....

★★★ 11 a. Barre quatre subordonnées incorrectes et corrige-les.
b. ORAL Relève toutes les subordonnées et précise leur nature : conjonctive ou interrogative indirecte.

1. Je ne sais pas où habites-tu. **2.** Je crois que le train part de la voie 27. **3.** Je vous demande est-ce que vous êtes d'accord. **4.** J'ai oublié à quelle heure partons-nous demain. **5.** Personne ne sait qui portait ce masque lors du bal. **6.** J'aimerais savoir si tu es bien l'auteur de cette bande dessinée. **7.** Nous verrons en quoi ce comportement est-il irresponsable. **8.** Gil veut qu'on l'aide.

Corrections : ....
....

Cruel dilemme !

- **Bénédicte doit faire ses devoirs mais elle meurt d'envie de regarder une série sur sa tablette. Imagine ce qu'elle se dit. Écris :**

a. ★ six phrases comprenant six subordonnées obligatoires dont deux interrogatives indirectes ;
b. ★★ huit phrases comprenant huit subordonnées obligatoires dont trois interrogatives indirectes ;
c. ★★★ dix phrases comprenant dix subordonnées obligatoires dont quatre interrogatives indirectes.

- **Précise entre parenthèses la fonction des subordonnées obligatoires.**

49 Les propositions subordonnées facultatives

J'apprends à...
repérer et utiliser des subordonnées facultatives pour enrichir des phrases complexes.

J'observe

a. **Mets les propositions subordonnées entre crochets.** **b.** **Surligne celles qui peuvent être supprimées.**
c. **Souligne celle qui complète un nom.**

Je me demande qui a ouvert mon tiroir secret. C'est un compartiment qui ne se voit pas du tout. Lorsqu'on ouvre mon bureau, on peut faire coulisser un panneau.

Je mémorise l'essentiel

- Les **propositions subordonnées facultatives** (= qui peuvent être supprimées) ont les **mêmes fonctions** que les groupes facultatifs dans la phrase.

Les fonctions dans la phrase

Expansion du nom : complément du nom
Ouvre la porte de la cave. — Phrase simple
Ouvre la porte qui mène à la cave. — Phrase complexe

Complément circonstanciel
Les chauves-souris sortent à la tombée de la nuit. — Phrase simple
Les chauves-souris sortent quand la nuit tombe. — Phrase complexe
Les subordonnées peuvent notamment être complément circonstanciel de temps, de cause, de but ou de conséquence.

Je m'entraîne

★ **1** **a. Mets les propositions subordonnées entre crochets.**
b. Surligne celles qui sont facultatives.

1. J'ai vu que les hirondelles étaient de retour. 2. Lorsqu'il fait froid, les tortues s'enterrent. 3. Les voisins ont un chien qui aboie souvent. 4. Pour que ce perroquet parle, il faut siffler. 5. As-tu vu les pandas dont tout le monde parle ? 6. Nous savons que ces animaux doivent être protégés. 7. Les gardes du parc craignent les braconniers contre lesquels les animaux ne peuvent se défendre. 8. J'ai vu un escargot qui allait très vite.

★ **2** **a. Souligne les propositions en gras qui sont facultatives.**
b. Surligne celles qui sont compléments du nom.
c. ORAL **Indique la fonction des autres propositions.**

1. Le chemin **que tu nous avais indiqué** menait à une maison abandonnée. 2. **Quand tu auras fini ce roman,** pourras-tu me le prêter ? 3. L'histoire **que j'essaie de raconter** était très drôle ; mais je ne sais plus **comment elle se termine.** 4. Balzac aime détailler le décor **dans lequel se déroulent ses romans.** 5. Je trouve **que les descriptions sont trop longues.** 6. J'ai pleuré en lisant *Les Misérables* **parce que Fantine se sacrifie pour sa fille.** 7. J'ai pleuré aussi **quand Cosette rêve devant une splendide poupée.**

★ **3** ORAL À DEUX **Chacun(e) à votre tour, complétez chaque phrase avec une proposition subordonnée facultative dont vous préciserez la fonction.**

Il a plu des cordes. • *J'ai vu un dinosaure.* • *Les pêcheurs ont quitté le port.* • *Je vous conseille le sentier de droite.* • *C'est un champignon.* • *Lucas s'entraîne dans le gymnase.* • *Regarde ce papillon.* • *Je m'endormirai.*

4 **Enrichis chaque groupe nominal en gras en écrivant la suite de la proposition subordonnée complément du nom.**

1. J'ai visité **un château** où ....
2. Je n'ai pas osé m'allonger **sur le lit** dans lequel ....
3. Les fenêtres donnent sur **des jardins** qui ....
4. La cuisine est plus grande que **la salle de classe** où ....
5. C'est **une visite** dont ....

5 **a. Dans chaque phrase, souligne la proposition subordonnée facultative.**
b. Surligne celles qui complètent un nom.
c. ORAL Indique la fonction des autres propositions.

1. Balzac est un romancier qui a vécu au XIXe siècle. 2. J'ai visité une grotte dans laquelle coulait une rivière. 3. Quand tu manges des bonbons, pense à ton dentiste. 4. J'ai rencontré la fille dont le père écrit des chansons. 5. J'appellerai ma grand-mère pour qu'elle ne s'inquiète pas. 6. J'aime beaucoup les aquarelles que tu peins. 7. Je voudrais voir le four où vous cuisez tous ces pains au chocolat. 8. Comme tu as grandi, tu dois pouvoir comprendre la situation. 9. Dès que vous aurez fini cet exercice, vous passerez au numéro 6.

6 **a. Remplace chaque groupe de mots en gras par une proposition subordonnée introduite par la conjonction de subordination entre parenthèses. b. ORAL Indique sa fonction.**

1. Évitez la voiture **durant les périodes de grande pollution de l'air.** (*lorsque*)
....
2. **Une fois à la gare**, vous consulterez le tableau des départs. (*quand*)
....
3. Ce robot rangera votre chambre **durant votre sommeil.** (*pendant que*)
....
4. À **peine cuit**, mon gâteau au chocolat sera dévoré. (*dès que*)
....

7 **a. Surligne les subordonnées CC de temps. b. Souligne les conjonctions de subordination et utilise chacune d'elles dans une autre phrase complexe.**

1. Tant que ton petit frère ne fait pas de bruit, il peut rester avec moi à la bibliothèque.
....
2. Vous applaudirez une fois que la sonate sera terminée.
....
3. Mettez-vous vite à l'abri dans un refuge avant que l'orage (ne) vous surprenne.
....
4. Je t'aimerai aussi longtemps que je vivrai.
....

8 **Indique, pour chaque phrase, si le groupe de mots en gras exprime une cause (*pour quelle raison ?*) ou une conséquence (*avec quel résultat ?*). Remplace-le ensuite par une subordonnée de même sens.**

1. Zoé tremble **de peur.** (..........) → ....
2. Je prends le bus **par paresse.** (..........) → ....
3. J'ai crié **à perdre la voix.** (..........) → ....
4. Il est condamné **pour vol.** (..........) → ....
5. Je parle assez bien anglais **pour me débrouiller seul à Londres.** (..........)
→ ....

9 ★★★ **Parmi les subordonnées en gras, surligne celles qui sont CC de cause, souligne celles qui sont CC de conséquence et entoure celles qui sont CC de but.**

1. Mon frère parle en continu **si bien qu'il fatigue tout le monde.** 2. Morgane expose clairement son projet **pour que l'on se range à son avis.** 3. Cette équipe est trop entraînée **pour qu'on puisse espérer la battre.** 4. **Comme son poème était le plus réussi**, Victoria a été applaudie. 5. Cet adolescent fait tout **pour que l'on reconnaisse ses qualités.** 6. Tes amis t'apprécient **parce que tu es sincère.** 7. **Puisque nous sommes de gros dormeurs**, j'ai programmé trois alarmes **pour que nous ne manquions pas le train.**

10 ★★★ **Complète chaque phrase avec une subordonnée de la fonction indiquée.**

1. (*CC de temps*) ...., vous sortirez calmement.
2. (*CC de but*) J'ai étudié les horaires des trains ....
3. (*CC de cause*) ...., j'ai rangé mon placard.
4. (*CC de conséquence*) Baptiste est si étourdi ....
5. (*CDN*) As-tu entendu parler d'un acrobate ....

Pour aller plus loin — La nature des propositions subordonnées facultatives

- La subordonnée qui complète un nom est le plus souvent une **subordonnée relative**, car elle est introduite par un **pronom relatif**. Le nom qu'elle complète est l'**antécédent** du pronom relatif.
  *Je vais voir **un film** dont on m'a dit grand bien.* ....
- La subordonnée qui est complément circonstanciel est une **subordonnée conjonctive**, car elle est introduite par une **conjonction de subordination**.
  Accompagne-moi parce que j'ai peur du noir. ....

11 ★★★ ORAL À DEUX **Chacun(e) à votre tour, utilisez un mot de la liste et construisez une phrase complexe. Demandez à votre voisin(e) si la subordonnée est obligatoire ou facultative. Précisez ensemble la fonction et la nature (relative, conjonctive ou interrogative indirecte) de la subordonnée facultative.**

dès que • *qui* • *parce que* • *avec lequel* • *tandis que* • *où* • *afin que* • *si bien que* • *dont* • *quand* • *pour laquelle* • *étant donné que* • *pendant que*

12 ★★★ **a. Barre et corrige les phrases incorrectes. b. Dans les phrases que tu as corrigées, souligne les subordonnées relatives et surligne les subordonnées conjonctives.**

1. Les papiers que tu as laissés par terre. 2. Le manteau que je te parle est rose. 3. Thomas ramasse des galets qu'il décore avec soin. 4. Parce que tout le monde le dit. 5. Le garçon que tu as aperçu. 6. Je pleurerai tout le long du film dont j'ai vu la bande-annonce.

Corrections : ....
....
....

Au 365e étage !

- Tu es journaliste en 2050 et tu dois raconter ta visite d'une tour de 365 étages. Utilise : a. ★ huit, b. ★★ dix, c. ★★★ douze subordonnées facultatives.
- À DEUX Échangez vos textes et relevez les subordonnées facultatives. Donnez leur nature et leur fonction.

Je récapitule

50 La phrase complexe

J'applique ce que j'ai appris pour...
analyser et construire des phrases complexes correctes.

J'identifie les propositions et leurs relations dans la phrase complexe

★ **1** **a. Souligne les verbes à un mode personnel. b. Mets les propositions entre crochets. c. Surligne les propositions juxtaposées et entoure les propositions coordonnées.**

1. J'ai appelé Théo mais il ne m'a pas répondu. 2. Nous irons à la piscine demain, aujourd'hui Anne nous a invités. 3. Ce vase est magnifique mais très fragile : ne le pose pas au bord de la table. 4. As-tu vu l'écureuil qui grimpait sur le toit ? 5. J'ai fait un rêve magnifique : je ne mangeais que des frites et des glaces ! 6. Ne bouge pas et ferme les yeux. 7. Je crois que je me suis trompé. 8. J'ai longtemps cru au père Noël ; c'était merveilleux.

★ **2** **a. Mets les propositions entre crochets. b. Précise comment elles sont associées : par juxtaposition, coordination ou subordination.**

1. « La raison du plus fort est toujours la meilleure : nous l'allons montrer tout à l'heure. » (..................................) 2. « Un loup survient à jeun, [qui cherchait aventure » (..................................) 3. « Comment l'aurais-je fait si je n'étais pas né ? » (..................................) 4. La Fontaine imagine une histoire avec des animaux et exprime ainsi sa vision de la nature humaine. (..................................) 5. Toutes les fables ne mettent pas en scène des animaux ; certaines ont pour personnages des êtres humains, des végétaux ou des objets. (..................................)

★★ **3** **Souligne les propositions principales, mets les propositions subordonnées entre crochets et surligne les propositions indépendantes.**

Arthur Conan Doyle est un écrivain anglais qui a imaginé les enquêtes de Sherlock Holmes. Avant lui, certains auteurs ont déjà élaboré des énigmes à résoudre mais Conan Doyle est le premier véritable auteur de romans policiers. À partir de 1887, il publie dans la presse des histoires courtes qui obtiennent un grand succès. Sherlock Holmes brille par son esprit de déduction ; il est aidé par le docteur Watson. Lorsque Conan Doyle, lassé de son héros, décide en 1893 de le faire mourir, les lecteurs sont furieux. L'auteur est obligé d'expliquer que Sherlock Holmes n'est finalement pas mort ; les enquêtes peuvent alors reprendre.

J'analyse les propositions subordonnées

★★ **4** **a. Mets les propositions subordonnées entre crochets. b. Souligne les six pronoms relatifs et leur antécédent de deux couleurs différentes. c. Surligne les subordonnées relatives.**

1. L'itinéraire qui nous a été conseillé ne passe pas par la boulangerie. 2. Que fais-tu samedi ? 3. Le fauteuil dans lequel tu es assis date du XVIIIe siècle. 4. Samuel veut savoir où mène ce couloir. 5. Les deux questions auxquelles tu dois répondre sont très simples. 6. Dis-moi quel poème tu préfères. 7. Louis XIV est un roi qui a renforcé la monarchie. 8. La salle où aura lieu notre concert est très vaste. 9. Le compositeur dont je t'ai parlé était sourd à la fin de sa vie.

★★ **5** **a. Mets les propositions subordonnées entre crochets. b. Surligne les subordonnées relatives, souligne les conjonctives et entoure les interrogatives indirectes.**

1. Je demanderai à Paul pourquoi il déménage. 2. Nous savons tous que tu aimerais rester avec tes camarades. 3. Quand je serai en Italie, je vous inviterai ! 4. Je vous ferai découvrir la ville où je pense rester deux ans. 5. Vous verrez qu'il n'y a pas de voitures. 6. C'est une ville-musée qui n'a guère changé depuis le XVIIIe siècle. 7. J'ignore quelle est cette ville. 8. J'irai au collège en bateau parce que la ville est construite sur l'eau. 9. Nous avons deviné qu'il s'agit de Venise !

6 **a. Mets les propositions subordonnées entre crochets.**
b. Souligne les subordonnées obligatoires et surligne les subordonnées facultatives.
c. ORAL Donne la fonction (COD, CC ou CDN) de chaque subordonnée.

1. Puisque vous ne voulez pas nous aider, nous créerons les décors tout seuls. 2. Je répète le rôle qui m'a été attribué. 3. Quand j'ai appris que je jouerais Argan, j'étais un peu inquiet. 4. Notre professeur nous a expliqué que Molière tenait ce rôle. 5. Molière était atteint de la tuberculose, une maladie dont on ne guérissait pas. 6. Je pense que le malade imaginaire devait tousser souvent. 7. J'imagine qu'il restait souvent dans son fauteuil et que parler fort l'épuisait.

7 **a. Mets les propositions subordonnées entre crochets.**
b. Souligne les subordonnées obligatoires et surligne celles qui sont facultatives.
c. ORAL Indique la nature et la fonction de chaque proposition subordonnée.

1. Léa est très douée si bien qu'elle a obtenu un prix au conservatoire. 2. Il pleut des cordes depuis que je suis en vacances ! 3. Je sais que tu as préparé un gâteau au chocolat. 4. Je n'ai pas pu emprunter *Le Cid* puisque tu ne l'as pas rapporté au CDI ! 5. J'ai appris par cœur la tirade de Chimène parce que je voudrais jouer ce rôle. 6. Je me demande pourquoi cette porte est cadenassée. 7. Quand tu iras au CDI, tu trouveras le roman dont je t'ai parlé. 8. Le chemin qui mène à la cascade est barré par un éboulis.

Je construis des phrases complexes correctes

8 **Complète chaque phrase avec une subordonnée interrogative indirecte. Varie les mots interrogatifs.**

1. Je vais demander au contrôleur ....
2. Le commissaire voudrait savoir ....
3. Tu n'ignores pas ....

9 **a. Réécris chaque phrase en ajoutant une proposition subordonnée relative. b. Souligne chacune d'elles.**

1. Je t'offrirai un balai de sorcière. → ....
2. Le chemin est très pentu. → ....
3. L'écran est tactile. → ....
4. La grande maison est à vendre. → ....
5. Cet exercice est finalement facile. → ....

10 **a. En utilisant les éléments proposés, écris trois phrases complexes comprenant chacune une subordonnée obligatoire. b. Souligne les subordonnées et donne leur fonction.**

soutiendrai que • attendons à ce que • l'essentiel est que

1. ....
2. ....
3. ....

11 **a. Remplace l'adjectif ou le participe en gras par une subordonnée complément du nom.**

1. *L'Avare* est ma comédie **préférée.** → *L'Avare* est la comédie ....
2. J'ai un hamster **trop bruyant.** → J'ai un hamster ....
3. Tu as tenu des propos **intolérables.** → Tu as tenu des propos ....

b. Indique la nature de ces propositions.

Ce sont des subordonnées ....

12 **ORAL À DEUX Chacun(e) écrit cinq phrases contenant une subordonnée CC de cause. À tour de rôle, demandez à votre voisin(e) de les transformer de sorte qu'elles contiennent une subordonnée CC de conséquence.**

Exemple : Nous sommes en retard parce qu'il neige. → Il neige si bien que nous sommes en retard.

J'écris et je corrige

Méthode pour relire ce que tu as écrit

Regarde chaque phrase complexe et vérifie que :

1. tu as choisi les bons **mots coordonnants** et **subordonnants** ;
2. tu n'as pas écrit de **propositions subordonnées sans proposition principale** ;
3. la **ponctuation** et les **accords** sont corrects.

★ 13 Ajoute les mots coordonnants qui conviennent sans utiliser deux fois le même mot.

1. Sépare les blancs des jaunes .... bats les blancs en neige .... ajoute-les à la pâte.
2. Dépêche-toi .... tu es très en retard .... ne cours pas en traversant la rue !
3. Tout le monde est arrivé, nous allons .... pouvoir commencer notre réunion.

★★ 14 Ajoute les mots subordonnants qui conviennent et souligne les propositions subordonnées.

Zadig est un homme sage .... vit à Babylone. Il se tient à l'écart de la cour .... il sait .... les courtisans n'apprécieront pas sa franchise. Moabdar est un roi .... tout le monde craint les colères. Les habitants .... fréquentent le palais se demandent chaque jour .... le monarque ne va pas les jeter en prison. Ils préfèrent mentir .... le roi les laisse en vie. .... le roi est amené un jour à rencontrer Zadig, il est impressionné par sa franchise et il fait de lui son conseiller. Zadig est un personnage .... Voltaire a créé.

★★ 15 a. Réponds à chaque question par une phrase contenant une proposition subordonnée.
b. Souligne les propositions. c. ORAL Donne la nature et la fonction de chaque subordonnée.

1. Quand déménageras-tu ? → ....
2. Que voudrais-tu savoir ? → ....
3. Pourquoi ne dis-tu rien ? → ....
4. Qui est cet homme ? → ....

★★★ 16 Barre les phrases incorrectes et corrige-les.

Voltaire est un auteur qui a vécu au XVIIIe siècle. Ce siècle que je vous parle est appelé « siècle des Lumières ». Parce que les écrivains comptent sur l'éclairage de la raison. Ils rejettent la superstition. Ils veulent être libres mais dénoncent le pouvoir absolu. Zadig est le héros du conte de Voltaire dont je vous présente.

Corrections : ....

....

....

....

Quelle rencontre !

- **Écris une lettre à un ami pour lui raconter dans quelles circonstances tu as rencontré un personnage sorti d'un roman ou d'un film. Rédige : a. ★ huit, b. ★★ dix, c. ★★★ douze phrases complexes.**
- **Varie la nature des propositions subordonnées.**

J'évalue mes progrès

51 La phrase complexe

1 **Mets les propositions subordonnées entre crochets, souligne les propositions principales et surligne les propositions indépendantes.**

Quand la carriole se gara dans la cour de l'auberge, il était midi. Toute la famille descendit, heureuse d'être enfin arrivée, et l'aubergiste vint souhaiter la bienvenue à ces clients inattendus. Il faisait tellement chaud qu'il leur proposa une place dans le jardin, à l'ombre d'un grand platane. Il leur présenta le menu : il conseilla la truite qu'il avait pêchée lui-même dans la rivière en contrebas du terrain. Dans la bonne humeur, tout le monde vota pour une truite grillée !

......./20

2 **a. Mets les propositions subordonnées entre crochets et précise leur fonction.**
b. Indique si les subordonnées sont conjonctives (SC), relatives (SR) ou interrogatives indirecte (SII).

1. Le vase qui a été brisé me venait de ma grand-mère. ....
2. Hector se demanda pourquoi il était là. ....
3. Le problème est que Karl boude encore. ....
4. La solution à laquelle Léa a pensé n'est pas réalisable. ....
5. Mon cousin est de mauvaise humeur parce qu'il déteste avoir tort. ....

......./20

3 **a. Surligne les phrases correctes. b. Barre les phrases incorrectes et corrige-les.**

1. Je ne sais pas qui a gagné le dernier set ? 2. Eliette trouve ce garçon charmant qu'elle a rencontré hier. 3. Lorsque le vent souffle si fort, l'immeuble vacille. 4. Si tu veux vraiment me faire plaisir. 5. Casse les œufs mélange-les jette-les dans une poêle chaude. 6. Les fillettes, qui veulent regarder la télévision, bâcle leurs devoirs. 7. La pizza que tu fais est meilleure que celles du commerce. 8. Qu'il ne faille faire une autre lessive je crains. 9. Les gardiens veillent que leurs prisonniers ne s'échappent pas. 10. Selim a oublié son porte-monnaie si bien qu'il n'a pas pu prendre le bus.

Corrections : ....
....
....
....
....
....
....

......./20

J'évalue mes compétences

	:(	:|	:)
1. Je sais identifier les propositions et leur relation.			
2. Je sais préciser la fonction et la nature des propositions subordonnées.			
3. Je sais reconnaître les phrases complexes correctes et corriger les phrases incorrectes.			

:(Entre 0 et 10 :| Entre 11 et 15 :) Entre 16 et 20

Je fais le point

52 La cohérence du texte

Je révise

- Pour écrire un **texte cohérent** (logique et compréhensible), il faut respecter certaines **règles**.

1. Le niveau de langue est adapté.

Le **niveau de langue** (**familier**, **courant** ou **soutenu**) est adapté à la situation et au public auquel il est destiné.
Victor lit un ***super bouquin*** (familier) / ***très bon roman*** (courant) / ***bel ouvrage*** (soutenu) *sur les fantômes.*

2. Le même système de temps est conservé du début à la fin.

On peut adopter soit le **système du présent**, soit le **système du passé**.
Dehors, l'orage ***fait*** *rage. Soudain, la lumière* ***s'éteint****.* (système du présent)
L'orage ***faisait*** *rage. Soudain, la lumière* ***s'éteignit****.* (système du passé)

3. Le texte est découpé en phrases complètes et correctes.

– On utilise des signes de **ponctuation forte** (. / ? / ! / …) pour séparer les phrases.
– On utilise des signes de **ponctuation faible** (, / ; / :) à l'intérieur de chaque phrase.
Il entend un grincement. Qu'est-ce donc : des pas, une porte mal fermée, le vent ?

4. On repère clairement les dialogues.

On se sert de la **ponctuation** (guillemets, tirets, deux-points) et on emploie des **verbes de parole**.
Il ***appelle*** *: « Il y a quelqu'un ? »*

5. On comprend de qui et de quoi il est question.

– Le **même narrateur** doit être utilisé tout au long du récit.
Je suis seul dans la bibliothèque. (le narrateur = un personnage)
Victor est seul dans la bibliothèque. (le narrateur ≠ un personnage)
– Les **mots de reprise** (pronoms ou GN) sont clairs.
Sa sœur entre dans la pièce. ***Elle*** *aussi a entendu le grincement.* ***Ce bruit*** *l'a inquiétée.*

6. Le texte est bien structuré.

– Il est divisé en **paragraphes**.
– Il est organisé grâce à des **connecteurs** (de temps, de lieu…).
Quelques instants plus tard*, ils aperçoivent une ombre* ***devant la fenêtre****.*

Je m'entraîne

ORAL **Explique, pour chaque erreur signalée en rouge, la règle qui n'est pas respectée.**

Peu avant dix heures / une dépêche de l'AFP tomba : explosion dans une usine de produits chimiques. Aussitôt / un journaliste s'empare du sujet et je filai voir la directrice de rédaction pour partir sur place. Celui-ci acquiesça / / Je veux des images / des informations pour le JT de 13 heures.

J'évalue ce que je sais déjà

1 **Recopie ce texte en le présentant correctement et en ajoutant les sept majuscules et les treize signes de ponctuation qui manquent.**

en descendant du train Mme Durand dérapa sur le quai elle s'écria quel malheur que vais-je mettre maintenant mes vacances sont fichues le contenu de sa valise s'était en effet répandu robes maillots de bain et chapeaux gisaient dans une grande flaque d'eau elle contempla le désastre mais à la surprise des spectateurs elle éclata de rire

....

....

....

....

....

..../10

2 **Souligne, dans chaque phrase, le mot de reprise mal utilisé et propose une correction.**

1. La classe de 4e B s'est rendue à Barcelone ; ils ont pu visiter la Sagrada Familia. ....
2. Au beau milieu du chemin, Léo rencontra un cheval échappé de son enclos ; ils se regardèrent, puis il s'enfuit effrayé. ....
3. Léo raconte son voyage à New York à sa grand-mère : il la trouve grandiose. ....
4. J'adore garder le chien de ma copine pendant les vacances : je la brosse chaque jour. ....
5. Octavien se promenait dans Pompéi de nuit. La lune éclaira une statue de femme. Elle se mit à scintiller.

..../10

3 **Barre et corrige les dix erreurs de temps dans ce récit au passé.**

Le jour de la fête arrive. Mme Loisel eut un succès. Elle était plus jolie que toutes les autres femmes. Tous les hommes la regardaient, ont demandé son nom, chercheront à être présentés. Le ministre la remarque. Elle a dansé, ne pensait plus à rien. Elle partit vers quatre heures du matin. Son mari lui jette sur les épaules les vêtements qu'ils ont apportés pour la sortie, modestes vêtements dont la pauvreté jurait avec l'élégance de la robe de bal. Elle le sentit et voulut s'enfuir pour ne pas être remarquée. Une fois rentrée, elle ôtera les vêtements dont elle s'était enveloppé les épaules, devant la glace, et elle s'apercevait alors qu'elle perdait le collier prêté par Mme Forestier.

D'après **Guy de Maupassant**, *La Parure*, 1884.

Corrections : ....

..../10

J'évalue mes compétences

	:(	:|	:)
1. Je sais présenter et ponctuer correctement un récit contenant du dialogue.			
2. Je sais repérer et corriger les erreurs d'utilisation des mots de reprise.			
3. Je sais corriger les erreurs d'utilisation des temps.			

:(Entre 0 et 4 — :| Entre 5 et 7 — :) Entre 8 et 10

Utiliser correctement les niveaux de langue

J'apprends à...
adapter mon niveau de langue à la situation.

J'observe

a. Qu'est-ce qui ne convient pas dans les paroles de Max ? b. ORAL Reformule ses paroles.

Max dit à son professeur : « Hé, mec ! J'kiffe grave tes pompes ! »

Monsieur ! J'aime beaucoup vos chaussures !

Je mémorise l'essentiel

- Selon la situation et la personne à qui l'on parle, on utilise un **niveau de langue** différent.

Les différents niveaux de langue

Familier
- À l'oral, dans des textos, avec ses amis
- Vocabulaire familier, mots abrégés
- Phrases courtes, parfois incorrectes

T'as vu ce gros toutou ?

Courant
- À l'oral ou à l'écrit, avec ses proches ou dans les situations quotidiennes
- Vocabulaire courant
- Phrases simples, correctes

Est-ce que tu as vu ce gros chien ?

Soutenu
- Surtout à l'écrit, dans les textes littéraires, ou à l'oral pour marquer le respect
- Vocabulaire recherché
- Phrases simples et complexes

As-tu vu ce molosse ?

Je m'entraîne

1 ★★ **a. Souligne le niveau de langue familier, surligne le niveau courant et entoure le niveau soutenu.**
b. ORAL Précise dans quelle situation ces phrases pourraient être utilisées.

1. Pourrais-tu cesser tes enfantillages ? 2. Salut, mon pote ! Ça gaze ? 3. Mon voisin n'arrête pas de rire. 4. Ta teuf était top ! 5. Madame la députée souhaite se restaurer. 6. Cette fille est gentille. 7. Ma mère se délasse après sa dure journée de labeur. 8. Je connais pas du tout ce film.

2 ★★ **ORAL À DEUX L'un(e) invente une phrase. L'autre identifie le niveau de langue, puis transforme la phrase en utilisant les deux autres niveaux de langue. Échangez ensuite les rôles. Faites l'exercice trois fois avec des phrases différentes.**

3 ★★★ **Barre les mots ou les tournures dont le niveau de langue te paraît inapproprié et propose une reformulation.**

Paul n'était jamais venu dans cette ville ; il était paumé et savait pas où dormir. Il s'approcha d'un flic : « Hé, mec ! T'sais pas où j'peux crécher ce soir ? » Ce dernier le dévisagea d'un œil amusé : « Certes, vous trouverez un logis confortable dans la 32e rue. »

Corrections : perdu et ne savait gendarme Excusez-moi M. l'agent, savez-vous où je peux dormir ce soir ? Hôtel

À la mode

- **Faut-il suivre la mode ? Rapporte la discussion entre une adolescente et sa grand-mère qui débattent de cette question en ★ huit, ★★ dix ou ★★★ douze phrases.**
- **Utilise deux niveaux de langue différents.**

54 Utiliser correctement les temps dans un récit

J'apprends à...
utiliser correctement les temps pour écrire un récit cohérent.

J'observe

a. **Barre et corrige les trois erreurs.** **b.** ORAL **Explique-les.**

C'est la première fois que Léon vient à New York. Hier, il avait pris l'avion à Paris et est arrivé très tôt. La taille des immeubles le surprit ; il se sentit comme une fourmi au pays des géants.

....

Je mémorise l'essentiel

- Pour écrire un récit, on peut choisir entre **deux systèmes de temps** : le présent ou le passé.
- On écrit un récit au **système du présent** pour raconter des **événements proches du moment de l'écriture** (lettre, blog…) ou pour donner l'impression que les **actions se déroulent « en direct »**.
- Dans le **système du présent**, on utilise le **présent**, mais aussi le **passé composé** et le **futur**.

passé composé (ce qui s'est passé avant)	**présent** (moment de l'écriture)	**futur** (ce qui se passera après)
*Hier, Lou **a attrapé** un rhume.*	*Ce matin, comme il **neige**, elle **reste** bien au chaud.*	*Demain, elle **retournera** skier.*

- On écrit un récit au **système du passé** pour raconter des **événements achevés, coupés du moment de l'écriture.**
- Dans le **système du passé**, on utilise principalement le **passé simple** (pour les actions principales / de premier plan) et l'**imparfait** (pour les actions secondaires / d'arrière-plan), mais aussi le **plus-que-parfait** et le **conditionnel présent.**

plus-que-parfait (ce qui s'est passé avant)	**passé simple / imparfait** (moment de l'action)	**conditionnel présent** (ce qui se passera après)
*La veille, Lou **avait attrapé** un rhume.*	*Ce matin-là, comme il **neigeait**, elle **resta** bien au chaud.*	*Le lendemain, elle **retournerait** skier.*

- **Attention :** le plus souvent, quand on choisit un système de temps, on le garde tout au long du récit.

Je m'entraîne

★ **1** **Précise quel système de temps est utilisé dans chaque passage.**

1. La tempête faisait rage et la charpente de la maison craquait sans cesse. Soudain, un bruit de pas se fit entendre dans le couloir. Je vis une lueur devant la porte de ma chambre.

....

2. Dans quelques instants, Éva disputera la finale du championnat de football féminin. Elle et ses coéquipières se sont entraînées tout au long de l'année et espèrent bien gagner ce match.

....

2 DÉFI À QUATRE **Chacun(e) à votre tour, sur une même feuille, écrivez une phrase pour continuer l'histoire ci-dessous. Au bout de 5 minutes, relisez ensemble votre texte pour vérifier qu'il est cohérent et que vous avez utilisé correctement les temps des verbes. Améliorez-le si besoin et lisez votre histoire à la classe.**

On entendit un cri dans le jardin. Tous les invités se précipitèrent à la fenêtre…

3 **a. Numérote les actions dans l'ordre dans lequel elles se sont déroulées.**
b. Réécris ce texte en utilisant le système du présent.

Pierre ferma son bureau .... et salua ses collègues .... Deux heures plus tôt, la rédaction du journal l'avait informé .... de son départ sur le terrain. Il repassa chez lui ...., prépara son sac .... avec son matériel de reporter auquel il ajouta quelques vêtements .... Dans une heure, il prendrait l'avion .... il lui restait juste le temps d'appeler Nadia ....

....

....

....

....

4 **Réécris les phrases au système du passé.**

1. Il fait déjà jour quand soudain le coq chante.

....

2. Les vagues roulent ces galets depuis des siècles.

....

3. Je prends mon ciré et mon parapluie ; j'ouvre la porte : il fait beau !

....

5 **a. Poursuis ces récits en utilisant au moins quatre verbes conjugués. b. Souligne les verbes utilisés.**
c. ORAL Nomme les temps et justifie leur emploi.

1. Mardi dernier, Mélissa n'a pas pu faire son évaluation d'anglais. Demain, ...

....

....

2. Quand il pénétra dans cette ville inconnue, Gabin eut du mal à s'orienter. Avant de partir, il ....

....

....

6 RÉÉCRITURE **Réécris ce texte en utilisant le système du passé.**

L'ouvrier est dehors, dans la rue. Il a battu les trottoirs pendant huit jours, sans pouvoir trouver du travail. Il a fait une dernière tentative, et il revient les mains vides. Il se penche sur un parapet de la Seine ; les eaux grossies passent sous lui, lui jetant un appel furieux. Puis, il se dit que c'est lâche et il s'en va. Ce matin, il a promis du pain à sa femme et à sa fille. Il se demande ce qu'il racontera pour leur faire prendre patience.

D'après **Émile Zola**, *Le Chômage*, 1874.

....

....

....

....

....

....

Pour aller plus loin

- Dans certains cas particuliers, on peut utiliser le **système du présent** dans un **récit au passé** :
  – pour **rapporter directement les paroles de personnages** ; *Lou expliqua : « J'ai un rhume. »*
  – pour **insérer les commentaires du narrateur**. *Lou expliqua qu'elle avait un rhume. Tu **sais**, lecteur, combien cela **est** désagréable.*

7 ★★ **a. Dans l'extrait suivant, souligne les passages qui appartiennent au système du présent et surligne les passages qui appartiennent au système du passé. b. ORAL Explique pourquoi l'auteur a choisi chaque système de temps.**

La mère Thénardier détacha ses filles, les fit descendre de l'escarpolette, et dit :
– Vous pouvez vous amuser toutes les trois.
Ces âges-là s'apprivoisent vite, et au bout d'une minute les petites Thénardier jouaient avec la nouvelle venue à faire des trous dans la terre, plaisir immense.
Les deux femmes continuaient de causer.
– Comment s'appelle votre mioche ?

D'après **Victor Hugo**, *Les Misérables*, 1862.

8 ★★★ **Barre et corrige les six erreurs d'utilisation des temps dans ce récit.**

Ce jour-là, Jacques décida d'apprendre à son petit frère Claude à faire du vélo.
– Tu dois d'abord trouver ton équilibre, lui explique-t-il. Ensuite, ça vint tout seul !
– Mais je n'arrêtais pas de tomber !
Ceux qui avaient appris à pédaler se souviennent de leurs premières chutes. Quand Claude parvint enfin à s'élancer dans la rue, il en est très fier : le lendemain, il ira à l'école à vélo.

Corrections : ....

9 ★★★ **Conjugue chaque verbe au temps qui convient dans ce récit au passé.**

Je (*suivre*) .... le capitaine Nemo, je (*franchir*) .... la porte, et je (*prendre*) .... une sorte de couloir qui (*être*) .... électriquement éclairé. Après un parcours d'une dizaine de mètres, une seconde porte (*s'ouvrir*) .... devant moi. J'(*entrer*) .... alors dans une salle à manger. Au centre de la salle (*se trouver*) .... une table richement servie. Le capitaine Nemo m'(*indiquer*) .... la place que je (*devoir*) .... occuper.
– Vous ne (*connaître*) .... pas tous ces mets, me (*lancer*) .... -t-il. Cependant, vous (*pouvoir*) .... en user sans crainte. Ils (*être*) .... sains et nourrissants. Depuis longtemps, j'(*renoncer*) .... aux aliments de la terre, et je ne m'en (*porter*) .... pas plus mal.

D'après **Jules Verne**, *Vingt Mille Lieues sous les mers*, 1869-1870.

Première rencontre

- « La première fois qu'Aurélien vit Bérénice, il la trouva franchement… » **Poursuis cette phrase de Louis Aragon pour raconter la première rencontre entre Aurélien et Bérénice :**

a. ★ en huit phrases, en utilisant au moins deux compléments de la liste ;
b. ★★ en dix phrases, en utilisant au moins trois compléments de la liste ;
c. ★★★ en douze phrases, en utilisant au moins quatre compléments de la liste.

Compléments : *ce matin-là • le lendemain • la veille • quelques jours plus tôt • ensuite • aussitôt • trois jours plus tard • ce jour-là • à ce moment-là • auparavant*

- **Lis ou fais lire à haute voix ton récit pour vérifier que tu as bien utilisé les temps des verbes.**

55 Bien ponctuer un texte

J'apprends à...
bien utiliser la ponctuation pour écrire un texte compréhensible.

J'observe

a. Pourquoi ce texte est-il difficilement compréhensible ? b. Réécris-le en le corrigeant.

je regarde la photo au centre un visage retient mon attention qui est-ce

....

....

Je mémorise l'essentiel

- La **ponctuation** est indispensable pour **organiser** un texte et le rendre **compréhensible**.
- On utilise des signes de **ponctuation forte** (**. / ! / ? / ...**) pour couper un texte en phrases. Ils sont toujours suivis d'une majuscule.
- On utilise des signes de **ponctuation faible** (**, / : / ;**) à l'intérieur des phrases pour séparer des groupes de mots.

Méthode pour bien ponctuer un texte

1. Lis ton texte à voix haute et mets un **signe de ponctuation forte** lorsque tu fais une longue pause. Vérifie que chaque phrase débute par une **majuscule** et a un sens complet.
Eliott veut apprendre la musique. Sa mère l'accompagne au conservatoire.
2. Ajoute, si besoin, des **virgules** pour séparer certains groupes ou certaines propositions à l'intérieur d'une phrase longue.
Dès leur arrivée, ils sont accueillis par un vieil homme aimable, le directeur de l'école.
3. Utilise les **deux-points** pour introduire une énumération (liste), une explication ou une parole.
Il leur propose quatre instruments : la guitare, le piano, le violon et la batterie.

Attention : le **point-virgule** ne s'emploie que dans la phrase complexe pour séparer des propositions juxtaposées.
Trois séances sont offertes ; Eliott pourra ainsi mieux choisir.

Je m'entraîne

1 ★ **a. Surligne les signes de ponctuation. b. ORAL Explique leur utilisation.**

Hier soir, j'ai eu un souci : j'ai perdu mes clés. Comme il était tard, je suis allé chez des amis ; ils m'ont hébergé pour la nuit. Mes amis sont vraiment formidables ! Que ferais-je sans eux ?

2 ★★ **Écris des phrases en utilisant les éléments donnés entre parenthèses.**

1. *(comment / train / , / :)* ....

2. *(grand-mère / covoiturage / ;)* ....

3 ★★ **a. Complète le texte en ajoutant la ponctuation qui convient. b. ORAL Justifie l'emploi de chaque signe.**

Petit-Gervais s'amusait à lancer sa pièce de quarante sous elle roula sur la route Jean Valjean posa son pied dessus « Rendez-moi ma pièce » s'exclama l'enfant Mais l'homme qui n'avait pas mangé de la journée ne bougea pas

D'après **Victor Hugo**, *Les Misérables*, 1862.

4 a. **Réécris chaque phrase en ajoutant, supprimant ou déplaçant une virgule.**
b. OFAL **Explique la différence de sens.**

1. Thomas porte ce paquet chez la voisine. ……
2. Viens goûter, mon lapin ! ……
3. Les invités sont arrivés très vite, je les accueille. ……
4. Zoé écoute Alice. ……

5 **Recopie le texte en ajoutant la ponctuation. Utilise la** Méthode.

Monsieur le Président me permettez-vous de vous dire que votre étoile est menacée de la plus honteuse de la plus ineffaçable des taches Vous êtes sorti sain et sauf des basses calomnies vous avez conquis les cœurs Mais quelle tache de boue sur votre nom que cette abominable affaire Dreyfus La vérité je la dirai car j'ai promis de la dire

D'après **Émile Zola**, « J'accuse », *L'Aurore*, 13 janvier 1898.

……
……
……
……
……

Pour aller plus loin — La ponctuation dans le discours direct

- Dans un **dialogue**, on va à la ligne et on ajoute un **tiret** quand on change d'interlocuteur.
  Léa s'écria :
  – Je ne trouve plus mes lunettes !
  – Elles sont sur ta tête, lui répondit son frère.
- Les **guillemets** servent à encadrer les paroles isolées d'un personnage. On peut aussi les utiliser pour encadrer l'ensemble du dialogue.
  Léa s'écria : « Je ne trouve plus mes lunettes ! »

6 RÉÉCRITURE **Réécris ce devoir en corrigeant les erreurs de ponctuation et de majuscules.**

Ce jour-là ; il faisait très beau… les terrasses des cafés étaient bondées. Ben s'approcha et demanda à Chloé est-ce que je peux m'asseoir à votre table ils commencèrent à discuter et se rendirent compte qu'ils partageaient des passions. Le cinéma ; le rock, le tennis ?

……
……
……
……

Dans la peau d'un dragon

- **Ce matin, tu te réveilles dans le corps d'un dragon. Raconte cet épisode en a. ★ huit, b. ★★ dix, c. ★★★ douze phrases.**
- **Utilise des signes de ponctuation variés.**
- **Échange ton texte avec celui de ton/ta voisin(e).**
- **Utilisez la** Méthode **pour vérifier la ponctuation.**

J'apprends à...
repérer et insérer des paroles dans un récit.

56 Rapporter les paroles dans un récit

J'observe

a. Surligne les différences entre ces deux phrases.

1. Marie annonça à ses parents : « J'ai gagné le concours de dessin ! »
2. Marie annonça à ses parents qu'elle avait gagné le concours de dessin.

b. Dans quelle phrase les paroles sont-elles rapportées directement ? 1 **indirectement ?** 2

Je mémorise l'essentiel

- Dans un récit, on peut **rapporter les paroles** des personnages directement (telles qu'elles auraient pu être dites à l'oral) ou indirectement.

Le discours direct

– Les paroles sont introduites par un **verbe de parole**, suivi de **deux-points**, ou par une **proposition incise** (*dit-il, répondit-elle…*) placée dans ou après la réplique.
– On utilise la ponctuation propre au discours direct.
– On emploie des **marques de l'oral** et des **types de phrases variés.**
– On utilise le **système du présent.**
Agathe demanda à Noah :
*– Hé ! **Aide**-moi à faire un gâteau !*
*– J'**arrive** ! répondit-il.*

Le discours indirect

– Les verbes de parole sont suivis d'une **proposition subordonnée** ou d'un **groupe infinitif**. Elle m'a dit de fermer la porte.
– Les **pronoms** sont modifiés.
– Les **marques de l'oral disparaissent** et les phrases sont déclaratives.
– On modifie souvent les temps des verbes pour avoir le **même système de temps dans la principale** (verbe de parole) **et dans la subordonnée.** concordance des temps
Agathe demanda à Noah de l'aider à faire un gâteau. Il lui répondit qu'il était d'accord.

Je m'entraîne

★ **1** **Souligne les paroles rapportées au discours direct et surligne celles qui sont rapportées au discours indirect.**

Dimanche midi, les habitants du quartier de la Petite Rivière ont eu la surprise de trouver une voiture dans le ruisseau qui coule au pied du parking. Lucie, témoin de la scène, raconte : « J'ai vu la voiture quitter doucement sa place et descendre la pente pour terminer sa course en bas du terrain. » Son fils a ajouté qu'il avait trouvé comique de voir cette voiture sans chauffeur passer devant lui au ralenti. De son côté, le propriétaire du véhicule a déclaré qu'il était certain d'avoir serré le frein à main. « Cette voiture est toute neuve ! Le concessionnaire va m'entendre ! » a-t-il ajouté. Heureusement pour lui, la voiture a pu être sortie facilement. Le dépanneur lui a assuré que son moteur n'était pas endommagé. « Le ruisseau n'est pas profond », a-t-il précisé.

★ **2** **Écris les propositions incises qui s'accordent avec les paroles proposées. Évite le verbe « dire ».**

1. « Ce n'est pas moi qui ai pris ton compas ! » s'énerva-t-il, s'exclama-t-elle
2. « Je viens au collège en montgolfière », se vanta-t-il, déclara-t-elle
3. « Tu sembles fatigué ce matin », constata-t-elle

★ **3** ORAL À DEUX **a. À tour de rôle, inventez une phrase au discours indirect en utilisant un des verbes de parole suivants :** *dire • expliquer • demander • annoncer • affirmer • ordonner • murmurer*
b. Demandez à votre camarade de la mettre au discours direct.

4 **a.** **Réécris les paroles en utilisant le discours indirect. b. ORAL Compare le texte original et ta réécriture. Lequel préfères-tu ? Explique ta réponse.**

1. Ma mère ouvrit la porte et s'écria : « Ta chambre est un vrai capharnaüm ! »
La mère ouvrit la porte et s'écria que ma chambre était un vrai capharnaüm!

2. « Tout le monde est bien monté dans le car ? » demanda le professeur.
Le professeur demanda si tout le monde était bien monté dans le car.

3. Jean répondit à son ami : « Je finis mes devoirs et ensuite j'irai à la piscine. »
Jean répondit à son ami qu'il finissait ses devoirs et qu'ensuite il irait à la piscine.

4. « Aide-moi ! » me supplia Fantine. Fantine me supplia de l'aider.

5 **Écris les paroles en discours direct en veillant à ce qu'elles soient en accord avec les propositions incises.**

1. "Ne fais pas de bruit" murmura la mère de Karim.
2. "Quel spectacle ! C'était magnifique !" applaudit Sophie.
3. "Il y aura une évaluation en français mardi" annonça le délégué des 4e 3.
4. "Non pas ce soir. Demain à 18h." corrigea Maëlle.
5. "Hier il m'est arrivé un truc de ouf" raconta Nuno.
6. Avez-vous demanda Baptiste au documentaliste.

6 **Réécris le texte en corrigeant les erreurs dans les paroles rapportées.**

Ils quittèrent la piste de danse. Le jeune homme demanda alors à Chloé si elle reviendra le lendemain. Elle lui répondit Je ne sais pas encore, je pense plutôt aller au cinéma. Nous pourrions y aller ensemble, suggéra-t-il alors.

reviendrait - : " " - " " -

7 **RÉÉCRITURE** **Réécris ce passage en le transposant au discours indirect.**

La jeune femme, dès qu'elle fut seule avec Duroy, lui dit : « Aujourd'hui mon mari se croit sauvé. Il fait des projets depuis le matin. [...] Il veut sortir à toute force, mais j'ai horriblement peur d'un accident. »

D'après **Guy de Maupassant**, *Bel-Ami*, 1885.

que ce jour là son mari se croyait sauvé. Il faisait des projets depuis le matin. Il voulait sortir à toute force mais elle avait horriblement peur d'un accident.

Pas d'accord !

- **Manon, Louise et Pierre veulent faire une activité ensemble, mais ils n'arrivent pas à se mettre d'accord. Raconte la scène en insérant du discours direct et du discours indirect.**
- **Utilise a. ★ huit, b. ★★ dix, c. ★★★ douze verbes de parole.**
- **Fais lire ton texte à haute voix par quatre camarades pour vérifier qu'il est compréhensible.**

57 Utiliser correctement les mots de reprise

J'apprends à...
repérer et varier les mots de reprise pour écrire un texte cohérent.

J'observe

a. Explique pourquoi ce texte n'est pas compréhensible. b. Propose une correction.

Alice partage sa chambre d'internat avec Zoé. Elle laisse ses affaires un peu partout. Elle n'est pas contente.

....

....

....

Je mémorise l'essentiel

- Les **mots de reprise** remplacent un nom propre ou un GN dans un texte. Ils permettent d'**éviter les répétitions**.

Les mots de reprise peuvent être :

des **pronoms**
– personnels (*il*, *la*, *les*…)
– démonstratifs (*celle-ci*, *ceux-ci*…)
– ou possessifs (*le mien*, *les tiennes*…).
Paul promène son chien. Son chien est très calme, son chien n'est pas comme mon chien.
*→ Paul promène son chien. **Celui-ci** est très calme, **il** n'est pas comme **le mien**.*

des **groupes nominaux**
– précédés d'un déterminant plus précis
*le chien → **ce chien-là***
– qui apportent des informations nouvelles
*le chien → le **jeune** chien*
– synonymes
*le chien → **le molosse***
– mots génériques
*le chien → **l'animal***
– périphrases
*le chien → **le meilleur ami de l'homme***

- **Attention :** lorsqu'on choisit un pronom comme mot de reprise, il faut vérifier que l'on comprend clairement de quoi ou de qui on parle.
*Jean et Amin sont amis. **Il** est notre voisin. → **Ce dernier** est notre voisin.*

Je m'entraîne

★ 1 Souligne les mots de reprise utilisés pour désigner Juliette, surligne ceux employés pour désigner sa mère et entoure ceux qui désignent Roméo.

Juliette se dispute avec **sa mère**. Celle-ci vient d'apprendre à la jeune fille qu'elle doit épouser son cousin Tybalt. Mais la jeune Capulet refuse ce mariage : elle aime **Roméo**. Elle vient de se marier en secret avec lui. Mais elle ne peut l'avouer à Lady Capulet car le jeune homme est le fils des Montaigu, leurs rivaux, et il risquerait donc d'être tué.

★ 2 Relie chaque périphrase au nom ou GN qu'il pourrait remplacer.

La grande bleue •	• La lune
L'astre de la nuit •	• La coccinelle
L'élue de son cœur •	• La Méditerranée
La bête à bon Dieu •	• Sa fiancée

★★ 3 DÉFI ORAL À TROIS Proposez tour à tour un mot de reprise pour chaque GN de la liste. Celui/Celle qui trouve le plus de mots de reprise a gagné. *la boulangère* • *la cliente* • *la souris* • *la boulangerie*

4 ★★

a. Souligne les mots de reprise des noms en gras, puis classe-les dans le tableau.
b. ORAL Précise quels mots de reprise indiquent l'opinion du narrateur.

1. L'an dernier, j'ai visité **Rome** ; je n'ai pas eu le temps de tout voir de la Ville éternelle mais je suis tombé amoureux de cette magnifique cité. 2. Jules cueille des **marguerites** : ces fleurs forment un beau bouquet. 3. Eva réalise un exposé sur **Marie Curie** et apprend que cette talentueuse chimiste a reçu deux prix Nobel. 4. Ma tante a rénové une **maison** : cette demeure est maintenant charmante.

Synonymes	GN qui apportent des informations nouvelles	Mots génériques	Périphrases
....	....	....	....
....	....	....	....

5 ★★

Réécris ces phrases en utilisant le(s) mot(s) de reprise demandé(s).

1. Le cheval est nerveux. **Le cheval** a refusé de sauter l'obstacle.
(*GN qui apporte des informations nouvelles*) ....

2. Mon père conduit mon frère à l'aéroport. **Mon frère** part au Canada.
(*Pronom démonstratif*) ....

3. Mary arrive à Paris. C'est la première fois qu'elle visite **Paris**.
(*Périphrase*) ....

4. Lili a prêté une valise à Jean. Jean rapporte **la valise à Lili**.
(*Pronoms personnels*) ....

5. Loïc aime les fantômes. Il visite de vieilles demeures pour chasser **les fantômes**.
(*Synonyme*) ....

6 ★★★

Barre et corrige les erreurs d'utilisation des mots de reprise.

1. Léo et son chien courent dans le parc, mais il n'arrête pas de piétiner les pelouses interdites.
2. Lise contemple la statue : elle est si belle ! 3. Maya discute avec sa voisine âgée ; elle ne voit pas beaucoup de monde. 4. Le peuple est en colère, c'est pourquoi ils veulent chasser le roi.

Corrections : ....

....

7 ★★★

RÉÉCRITURE Réécris ce texte en remplaçant les pronoms soulignés par des GN clairs et variés.

À l'ombre du magnolia, l'enfant joue avec son chien. Il est très jeune et n'est pas encore bien éduqué. Il tente de le calmer, mais il continue de sauter partout. Alors il l'attache.

....

....

....

....

Lion en cavale

- **Échappant à la vigilance des gardiens, un lion s'est enfui du zoo de Beauval. Rédige un article pour raconter l'incident en a. ★ dix, b. ★★ douze, c. ★★★ quinze phrases.**
- **Varie les mots de reprise.**
- **Demande à ton/ta voisin(e) de relire ton texte et de surligner de couleurs différentes les mots de reprise désignant chaque personnage. Corrige si besoin.**

J'apprends à...
identifier et utiliser les connecteurs.

58 Bien organiser son texte

J'observe

ORAL **a. Lis ce texte sans les mots ou groupes de mots en gras. b. À quoi servent-ils ?**

Je contemple le paysage maritime **au pied de ma maison** : **à droite**, je vois un petit port ; **à côté**, j'aperçois la plage où les enfants aiment venir jouer.

Je mémorise l'essentiel

- Pour bien structurer un texte, il faut le diviser en **plusieurs paragraphes** qui représentent ses différentes parties : la description d'un lieu, une étape du récit, un argument et son exemple.
- Pour guider le lecteur, on utilise, au début ou à l'intérieur de chaque paragraphe, des **connecteurs** qui permettent de relier les phrases ou les parties du texte entre elles.
  – Les **connecteurs spatiaux** sont utilisés, dans une description, pour situer les éléments dans l'espace : *ici*, *à côté*, *devant*, *au-dessus*…
  – Les **connecteurs temporels** sont utilisés pour indiquer la chronologie de l'histoire : *au début*, *parfois*, *ensuite*…

Attention : les compléments circonstanciels (CC) de lieu et de temps permettent également d'organiser le texte.
Le soleil était déjà levé quand Jon ouvrit les yeux. Depuis quelques minutes, il lui semblait entendre des bruits à côté de son lit.

Je m'entraîne

1 **a. Souligne les connecteurs temporels. b. Surligne les compléments circonstanciels de temps.**

À mesure qu'approche le soir, une inquiétude incompréhensible m'envahit. Je dîne vite, ensuite j'essaye de lire ; mais je ne comprends pas les mots. Je marche alors dans mon salon de long en large. Vers dix heures, je monte dans ma chambre. Puis, je me couche.

D'après **Guy de Maupassant**, *Le Horla*, 1887.

2 **a. Souligne les connecteurs spatiaux. b. Surligne les compléments circonstanciels de lieu.**

Paris s'éveillait. Une vapeur avait noyé les deux rives. On ne distinguait rien de la ville sous cette mousseline flottante. Dans les creux, le nuage épaissi fonçait d'une teinte bleuâtre, tandis que, sur de larges espaces, des transparences se faisaient ; et, plus haut, des dômes, des flèches déchiraient le brouillard.

D'après **Émile Zola**, *Une page d'amour*, 1878.

3 ORAL À DEUX **L'un(e) d'entre vous décrit sa chambre. L'autre relève les connecteurs spatiaux et les compléments circonstanciels de lieu. Inversez les rôles.**

4 **Ajoute des connecteurs et des compléments circonstanciels pour améliorer ce texte.**

Assise (*CCL*) ……………………………………, Helen attendait son frère (*CCT*) …………………………………… . (*CCT*) ……………………………, un fracas la fit bondir. Elle regarda (*connecteur temporel*) …………………………… autour d'elle. (*connecteur spatial*) ……………………………, un serveur ramassait les débris d'un verre. (*connecteur spatial*) ……………………………, un jeune couple discutait tranquillement. (*CCL*) ……………………………, le patron s'activait pour servir des clients. (*CCT*) ……………………………, elle reconnut Zoé qui discutait avec son frère. Accoudé (*CCL*) ……………………………, ce dernier n'avait pas remarqué sa sœur installée (*CCL*) …………………………… .

Pour aller plus loin — Les connecteurs logiques

- Les **connecteurs logiques** sont utilisés pour établir un **lien logique** entre deux idées : la cause (*en effet*, *car*…), la conséquence (*ainsi*, *donc*…), l'addition (*ensuite*, *de plus*, *et*, *enfin*…), l'opposition (*mais*, *or*, *pourtant*…).
- Les **connecteurs logiques** sont indispensables pour **organiser les éléments dans un texte argumentatif.** Ils permettent :
  – d'**ordonner** les arguments : *tout d'abord*, *en premier lieu*, *d'une part*, *d'autre part*…
  – d'**ajouter** un argument : *ensuite*, *puis*, *de plus*, *en outre*, *dans un deuxième temps*…
  – d'**introduire** un exemple : *par exemple*, *ainsi*, *en effet*, *d'ailleurs*…
  – de **conclure** le texte : *pour conclure*, *en somme*, *finalement*, *enfin*…

5 ★★ **a. Souligne les connecteurs. b. Précise le rapport logique créé par chacun d'eux : cause, conséquence, addition, opposition.**

1. L'ouvrier doit aller à l'hôpital car il est tombé d'une échelle. (......................................)
2. Le professeur a déplacé son cours, ainsi les élèves finiront plus tôt. (......................................)
3. Il pleut beaucoup, donc les enfants ne peuvent pas jouer dehors. (......................................)
4. Lola voudrait faire du piano, or son entraînement de tennis est à la même heure. (......................................)
5. Ce vélo est très rapide ; de plus, il est en solde en ce moment. (......................................)

6 ★★ **Complète ce texte en ajoutant les connecteurs logiques proposés.**

ainsi • *également* • *en effet* • *et* • *mais* • *pourtant*

Adolescent, Noé voulait devenir basketteur professionnel .... il avait tout fait pour intégrer un centre de formation. .... un grave accident de scooter le laissa cloué dans un fauteuil roulant. .... il ne renonça jamais à sa passion. .... il intégra une équipe de « basket-fauteuil » : il put .... continuer de pratiquer son sport favori. Son équipe fut championne de France. Il participa .... aux jeux paralympiques.

7 ★★★ RÉÉCRITURE **a. Surligne les deux arguments et souligne les exemples.**
b. Réécris ce texte en créant des paragraphes et en ajoutant des connecteurs logiques.

Ce film est très réussi. Le scénario m'a plu, il y a beaucoup d'action et de nombreux rebondissements. Le film s'ouvre sur une attaque de la cavalerie. J'ai aimé la musique du film, elle souligne l'action. Lors de l'attaque de la cavalerie, on entend une musique tonitruante et agressive. Je vous recommande vivement ce film.

....
....
....
....
....
....

Tout roule pour Ava

- Tu es journaliste et tu as rencontré Ava, une adolescente en fauteuil roulant. Rédige son portrait en a. ★ huit, b. ★★ dix c. ★★★ douze phrases.
- Rédige au moins deux paragraphes et utilise des connecteurs (spatiaux, temporels, logiques) et des compléments circonstanciels variés.
- Demande à un(e) camarade de relire ton texte.

Je récapitule

59 Le texte

J'applique ce que j'ai appris pour...
écrire un texte correct et cohérent.

Je ponctue correctement mon texte

★ **1** **Réécris les phrases en les ponctuant de deux manières différentes pour faire varier leur sens.**

1. Roméo regarde Juliette les yeux pleins d'amour la jeune fille lui sourit.

....

....

2. L'ogre appela : « Le repas est servi venez manger les enfants. »

....

....

★ **2** **Recopie le texte en rétablissant les majuscules, la ponctuation forte et les virgules.**

Boule-de-Suif le personnage imaginé par Maupassant ouvre son panier de pique-nique quel parfum appétissant les autres voyageurs de la diligence n'ont rien prévu la jeune femme déballe un délicieux pâté va-t-elle en proposer à ses voisins

....

....

....

....

★★ **3** **Réécris le texte, adapté d'*Un cœur simple* de Flaubert, en le présentant et en le ponctuant correctement.**

Le taureau s'avança vers les deux femmes Madame Aubain voulut courir Ne courez pas lui murmura Félicité Vous allez l'effrayer Mais il va foncer sur nous Nous allons reculer doucement reprit la domestique Vous en êtes certaine

....

....

....

....

....

J'utilise correctement les temps dans un récit

★ **4** **Dans ce récit au passé, surligne les verbes qui conviennent.**

Comme le brouillard (enveloppait / enveloppa) les champs et que la nuit (tombait / tomba), Étienne (pressait / pressa) le pas. Il (grelottait / grelotta) depuis le matin et (serrait / serra) sa veste contre lui. Soudain, une lueur (apparaissait / apparut) dans le lointain, une lampe fumeuse qui (semblait / sembla) suspendue dans le vide. Le jeune homme (s'arrêtait / s'arrêta) pour s'orienter. Il (tendait / tendit) l'oreille et (percevait / perçut) enfin le grondement des machines au loin. Il (reprenait / reprit) son chemin et (se rapprochait / se rapprocha) des hautes installations de la mine. (Voulait / Voulut)-il vraiment travailler là ?

★★ **5** **Réécris ces phrases au système du présent.**

1. Gabriel avait déjà vu ce film mais il riait toujours autant.

....

2. Léa affirma qu'elle avait déjà joué aux échecs et qu'elle gagnerait.

....

6 **Réécris ces deux phrases au système du passé.**

1. Je reviens sur mes pas et examine la pierre sur laquelle j'ai trébuché.

....

2. Léopold raconte toujours qu'il nous aidera dans nos devoirs.

....

7 **a. Poursuis ces récits en utilisant au moins trois verbes conjugués. b. Souligne les verbes conjugués que tu as utilisés. c. ORAL Justifie leur temps.**

1. Jean comprend soudain qu'hier, ...

....

2. Marcel ne parvenait pas à s'endormir car dans la soirée, ...

....

3. Nora nous assura que l'année prochaine, ...

....

J'utilise correctement les mots de reprise et les connecteurs

8 **Complète les phrases avec les pronoms de reprise qui conviennent.**

1. J'ai goûté ces deux desserts ; .... est bien trop sucré pour moi et .... est franchement mauvais.

2. Ces élèves sont très doués ; pourtant, ... n'ont pas du tout confiance en ....

3. J'ai vu deux papillons : .... était jaune et blanc tandis que .... était mauve et vert.

4. J'ai beaucoup aimé ta chanson. Que penses-tu de .... ? Je .... fredonne à longueur de temps car .... me met de bonne humeur.

9 **Propose, pour chacun des termes suivants, quatre reprises différentes (pronom, synonyme ou terme générique, GN plus précis, périphrase).**

Ta tante Henriette : ....

La tour Eiffel : ....

Un pain au chocolat : ....

Le lion : ....

10 **a. Remplace les noms ou les GN en gras par un pronom ou un autre GN afin d'éviter la répétition.**
b. Entoure le connecteur temporel et surligne les trois connecteurs logiques.

La première représentation du *Cid* a eu lieu le 7 janvier 1637. ***Le Cid*** (..................................) est une tragi-comédie composée par Corneille. Dans ***Le Cid*** (...........................), Rodrigue et Chimène s'aiment mais **Rodrigue et Chimène** (.................) ne peuvent pas se marier parce que leurs pères se sont disputés. **Rodrigue** (..................................) doit venger son père et tuer **le père** (....................) de **Chimène** (.......................................). À la fin, **Rodrigue et Chimène** (...) peuvent se marier car le roi l'a ordonné. **Le roi** (..............................) veut remercier **Rodrigue** (...............................) qui a remporté une bataille.

11 **Surligne les quatre connecteurs qui introduisent une cause et souligne les quatre connecteurs qui introduisent une conséquence.**

parce que • donc • en fait • avec • depuis • en conséquence • si bien que • car • étant donné que • afin de • tellement… que • malgré • puisque

J'écris et je corrige

Méthode pour relire ce que tu as écrit

- Relis plusieurs fois ton texte et vérifie :
  1. que tu n'as pas utilisé le **niveau de langue** familier ;
  2. que le **temps des verbes** est bien choisi : tu as gardé le système du présent ou du passé tout au long de ton récit. Dans les dialogues, les verbes sont au système du présent ;
  3. que ton texte est **bien présenté** (dialogue) et **bien ponctué** (à l'intérieur des phrases et pour les séparer). Les verbes de parole dans le dialogue sont variés ;
  4. que l'on **comprend bien** qui raconte l'histoire, qui parle et de quoi il est question : attention aux mots de reprise ;
  5. que ton texte est **organisé en paragraphes**.
- Si possible, ne relis pas ton texte immédiatement après l'avoir écrit : cela te permettra de mieux repérer les éventuelles erreurs. Tu pourras aussi éviter les répétitions et choisir des mots plus précis.

★ **12** **Réécris le texte en ajoutant les majuscules, les points et les virgules.**

le comédien mimant le désespoir d'Harpagon tomba à genoux se prenait-il vraiment pour son personnage la salle était fascinée

★★ **13** **Réécris le dialogue, adapté de *La Vénus d'Ille* de Mérimée, en le présentant et en le ponctuant correctement.**

La statue s'exclama Alphonse Elle a gardé ma bague Comment cela demanda l'archéologue incrédule Elle a replié ses doigts sur ma bague Impossible dit le savant vous avez dû rêver jeune homme

★★★ **14** **Réécris ce récit pour le rendre cohérent : barre et corrige les erreurs dans le système des temps, dans le niveau de langue et dans la présentation.**

L'archéologue ne pensait pas que la statue a pu garder la bague d'Alphonse. Il se disait que le jeune homme doit être cinglé. « Les statues ne bougèrent pas » se répétait-il. Le lendemain, un hurlement réveilla toute la baraque. L'archéologue bondissait de son lit.

Corrections :

Vrai ou faux…

- **Léon visite un musée avec deux amis quand, soudain, il lui semble qu'une des momies exposées a bougé. Raconte la scène dans un récit au passé comprenant deux paragraphes. Écris ★ dix, ★★ douze, ★★★ quinze phrases.**
- **Insère au moins deux répliques.**
- **Souligne les mots de reprise.**

J'évalue mes progrès

60 Le texte

1 **Réécris ce texte en le présentant correctement et en ajoutant les majuscules et la ponctuation.**

assises sur la plage Rose et Maria regardent la mer ensoleillée kayaks planches à voile et voiliers sont de sortie Rose s'écrie soudain j'ai envie d'aller me baigner viens-tu avec moi mais je n'ai pas pris mon maillot de bain lui répond son amie je peux t'en prêter un s'exclame Rose

....

....

....

....

....

..../10

2 **Remplace les dix pronoms barrés par des mots de reprise clairs et variés.**

Arsène fuyait dans les rues de Paris, la bague volée dans sa poche. Sertie d'un beau diamant, ~~elle~~ .... lui rapporterait beaucoup d'argent. Mais avant, ~~il~~ .... devait semer le policier qui le poursuivait. Quand ~~il~~ .... l'avait aperçu, ~~il~~ .... était en train d'enjamber une fenêtre. ~~Il~~ .... courait vite mais ~~il~~ .... s'accrochait. Au détour d'une ruelle sombre, ~~il~~ .... s'engouffra sous un porche et ~~il~~ .... le perdit de vue. Arrivé chez lui, ~~il~~ .... glissa la main dans sa poche et fut stupéfait : ~~elle~~ .... avait disparu ! ..../10

3 **Barre et corrige les dix erreurs dans ce récit au passé.**

Le week-end, Louis aimait se promener avec son chien dans le parc. Ce jour-là, comme les promeneurs n'étaient pas nombreux, il eut libéré l'animal qui gambadait à sa guise. Soudain, celui-ci vit une pie s'envoler et il le pourchassa. Il se dirigeait tout droit vers un étang. Louis a voulu le rattraper ; il emprunta le pont que le chien vient de traverser ; mais l'ouvrage fut glissant : l'homme dérapa et se retrouva dans l'eau. Heureusement, une promeneuse a assisté à la scène ; elle lui ramènera le clebs qu'elle avait attrapé. Lorsqu'elle vit Louis tout trempé, elle éclata de rire. En l'entendant rire, elle sentit alors son cœur se gonfler d'émotion et quand il leva les yeux vers elle, il la kiffa aussitôt.

Corrections : ....

..../10

J'évalue mes compétences

	☹	😐	☺
1. Je sais présenter et ponctuer correctement un récit contenant du dialogue.			
2. Je sais repérer et corriger les erreurs d'utilisation des mots de reprise.			
3. Je sais relire mon texte pour corriger les erreurs.			

☹ Entre 0 et 4 😐 Entre 5 et 7 ☺ Entre 8 et 10

Pour mettre un verbe à un temps donné, invente une phrase commençant par l’amorce qui convient :

Présent de l’indicatif : *Maintenant…*
Futur de l’indicatif : *Demain…*
Imparfait de l’indicatif : *Quand j’étais petit…*
Passé simple de l’indicatif : *Soudain, tout à coup…*
Présent du conditionnel : *Si c’était possible…*
Présent du subjonctif : *Il faut que…*
Présent de l’impératif : *Obéis / -sons / -sez et…*

Faire

Indicatif

Présent	Passé composé	Passé simple	Passé antérieur
je fais	j’ ai fait	je fis	j’ eus fait
tu fais	tu as fait	tu fis	tu eus fait
il fait	il a fait	il fit	il eut fait
nous faisons	nous avons fait	nous fîmes	nous eûmes fait
vous faites	vous avez fait	vous fîtes	vous eûtes fait
ils font	ils ont fait	ils firent	ils eurent fait
Imparfait	**Plus-que-parfait**	**Futur simple**	**Futur antérieur**
je faisais	j’ avais fait	je ferai	j’ aurai fait
tu faisais	tu avais fait	tu feras	tu auras fait
il faisait	il avait fait	il fera	il aura fait
nous faisions	nous avions fait	nous ferons	nous aurons fait
vous faisiez	vous aviez fait	vous ferez	vous aurez fait
ils faisaient	ils avaient fait	ils feront	ils auront fait

Subjonctif		Conditionnel	
Présent	**Passé**	**Présent**	**Passé**
que je fasse	que j’ aie fait	je ferais	j’ aurais fait
que tu fasses	que tu aies fait	tu ferais	tu aurais fait
qu’il fasse	qu’il ait fait	il ferait	il aurait fait
que nous fassions	que nous ayons fait	nous ferions	nous aurions fait
que vous fassiez	que vous ayez fait	vous feriez	vous auriez fait
qu’ils fassent	qu’ils aient fait	ils feraient	ils auraient fait

Impératif	Infinitif	Participe
Présent	**Présent**	**Présent**
fais faisons faites	faire	faisant
	Passé	**Passé**
	avoir fait	(ayant) fait

Aller

Indicatif

Présent	Passé composé	Passé simple	Passé antérieur
je vais	je suis allé(e)	j’ allai	je fus allé(e)
tu vas	tu es allé(e)	tu allas	tu fus allé(e)
il va	il est allé	il alla	il fut allé
nous allons	nous sommes allé(e)s	nous allâmes	nous fûmes allé(e)s
vous allez	vous êtes allé(e)s	vous allâtes	vous fûtes allé(e)s
ils vont	ils sont allés	ils allèrent	ils furent allés
Imparfait	**Plus-que-parfait**	**Futur simple**	**Futur antérieur**
j’ allais	j’ étais allé(e)	j’ irai	je serai allé(e)
tu allais	tu étais allé(e)	tu iras	tu seras allé(e)
il allait	il était allé	il ira	il sera allé
nous allions	nous étions allé(e)s	nous irons	nous serons allé(e)s
vous alliez	vous étiez allé(e)s	vous irez	vous serez allé(e)s
ils allaient	ils étaient allés	ils iront	ils seront allés

Subjonctif		Conditionnel	
Présent	**Passé**	**Présent**	**Passé**
que j’ aille	que je sois allé(e)	j’ irais	je serais allé(e)
que tu ailles	que tu sois allé(e)	tu irais	tu serais allé(e)
qu’il aille	qu’il soit allé	il irait	il serait allé
que nous allions	que nous soyons allé(e)s	nous irions	nous serions allé(e)s
que vous alliez	que vous soyez allé(e)s	vous iriez	vous seriez allé(e)s
qu’ils aillent	qu’ils soient allés	ils iraient	ils seraient allés

Impératif	Infinitif	Participe
Présent	**Présent**	**Présent**
va allons allez	aller	allant
	Passé	**Passé**
	être allé	(étant) allé

Dire

Indicatif

Présent	Passé composé	Passé simple	Passé antérieur
je dis	j’ ai dit	je dis	j’ eus dit
tu dis	tu as dit	tu dis	tu eus dit
il dit	il a dit	il dit	il eut dit
nous disons	nous avons dit	nous dîmes	nous eûmes dit
vous dites	vous avez dit	vous dîtes	vous eûtes dit
ils disent	ils ont dit	ils dirent	ils eurent dit
Imparfait	**Plus-que-parfait**	**Futur simple**	**Futur antérieur**
je disais	j’ avais dit	je dirai	j’ aurai dit
tu disais	tu avais dit	tu diras	tu auras dit
il disait	il avait dit	il dira	il aura dit
nous disions	nous avions dit	nous dirons	nous aurons dit
vous disiez	vous aviez dit	vous direz	vous aurez dit
ils disaient	ils avaient dit	ils diront	ils auront dit

Subjonctif		Conditionnel	
Présent	**Passé**	**Présent**	**Passé**
que je dise	que j’ aie dit	je dirais	j’ aurais dit
que tu dises	que tu aies dit	tu dirais	tu aurais dit
qu’il dise	qu’il ait dit	il dirait	il aurait dit
que nous disions	que nous ayons dit	nous dirions	nous aurions dit
que vous disiez	que vous ayez dit	vous diriez	vous auriez dit
qu’ils disent	qu’ils aient dit	ils diraient	ils auraient dit

Impératif	Infinitif	Participe
Présent	**Présent**	**Présent**
dis disons dites	dire	disant
	Passé	**Passé**
	avoir dit	(ayant) dit

Venir

Indicatif

Présent	Passé composé	Passé simple	Passé antérieur
je viens	je suis venu(e)	je vins	je fus venu(e)
tu viens	tu es venu(e)	tu vins	tu fus venu(e)
il vient	il est venu	il vint	il fut venu
nous venons	nous sommes venu(e)s	nous vînmes	nous fûmes venu(e)s
vous venez	vous êtes venu(e)s	vous vîntes	vous fûtes venu(e)s
ils viennent	ils sont venus	ils vinrent	ils furent venus
Imparfait	**Plus-que-parfait**	**Futur simple**	**Futur antérieur**
je venais	j’ étais venu(e)	je viendrai	je serai venu(e)
tu venais	tu étais venu(e)	tu viendras	tu seras venu(e)
il venait	il était venu	il viendra	il sera venu
nous venions	nous étions venu(e)s	nous viendrons	nous serons venu(e)s
vous veniez	vous étiez venu(e)s	vous viendrez	vous serez venu(e)s
ils venaient	ils étaient venus	ils viendront	ils seront venus

Subjonctif		Conditionnel	
Présent	**Passé**	**Présent**	**Passé**
que je vienne	que je sois venu(e)	je viendrais	je serais venu(e)
que tu viennes	que tu sois venu(e)	tu viendrais	tu serais venu(e)
qu’il vienne	qu’il soit venu(e)	il viendrait	il serait venu
que nous venions	que nous soyons venu(e)s	nous viendrions	nous serions venu(e)s
que vous veniez	que vous soyez venu(e)s	vous viendriez	vous seriez venu(e)s
qu’ils viennent	qu’ils soient venus	ils viendraient	ils seraient venus

Impératif	Infinitif	Participe
Présent	**Présent**	**Présent**
viens venons venez	venir	venant
	Passé	**Passé**
	être venu	(étant) venu